争做优秀员工，成就职场梦想

U0661625

做公司最好的员工

刘 力 ◎编著

新时代
优秀员工

中华工商联合出版社

图书在版编目（CIP）数据

做公司最好的员工 / 刘力编著. -- 北京：中华工
商联合出版社, 2019.11

ISBN 978-7-5158-2598-4

Ⅰ.①做… Ⅱ.①刘… Ⅲ.①企业－职工－职业道德

－通俗读物 Ⅳ.①F272.92-49

中国版本图书馆CIP数据核字(2019)第221350号

做公司最好的员工

作　　者：	刘　力
策划编辑：	关山美
责任编辑：	关山美
封面设计：	北京聚佰艺文化传播有限公司
责任审读：	于建廷
责任印制：	迈致红
出版发行：	中华工商联合出版社有限责任公司
印　　制：	三河市燕春印务有限公司
版　　次：	2020年1月第1版
印　　次：	2024年1月第2次印刷
开　　本：	710mm×1020mm　1/16
字　　数：	240千字
印　　张：	14.25
书　　号：	ISBN 978-7-5158-2598-4
定　　价：	42.00元

服务热线：010—58301130
销售热线：010—58301130
地址邮编：北京市西城区西环广场 A 座
　　　　　　19—20 层，100044
http：//www.chgslcbs.cn
E-mail：cicap1202@sina.com（营销中心）
E-mail：gslzbs@sina.com（总编室）

目 录

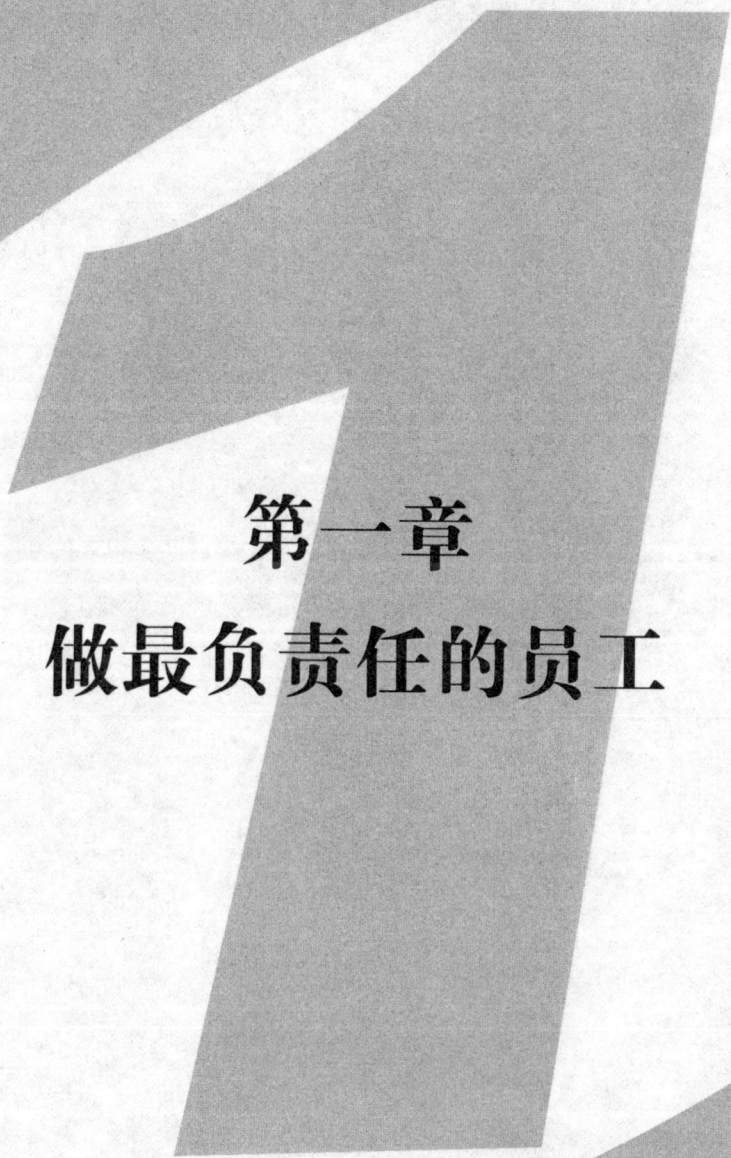

第一章
做最负责任的员工

👍 对工作负责，就是对自己的人生负责

在企业里，我们可以看到形形色色的人，每个人都有属于自己的工作轨迹。有的人是领导重视的骨干员工，享受着高薪高职的优渥待遇；有的人一直碌碌无为，从未在岗位上做出任何成绩；有的人时常牢骚满腹，总觉得自己与众不同，可到头来却一无所成。众所周知，除了少数天才，我们大部分人的禀赋都相差无几，既然如此，那究竟是什么造成我们如今的差别呢？

答案当然是"态度"！每个人都有自己的工作态度，有的人对待工作敷衍了事，漫不经心，有的人对待工作认真负责，精益求精。可以说，工作态度决定我们的工作成果。相信每一位在职场打拼的人都有这样的体会：如果不按最高标准要求自己，自己就没有办法将工作做到完美。

女排精神曾被运动员们视为刻苦奋斗、勇于担当的标杆和座右铭，鼓舞着他们的士气和热情。更关键的是，它因契合时代需要，不仅成为体育领域的品牌意志，更被强烈地升华为民族面貌的代名词，演化成指代社会文化的一种符号。

女排精神之所以备受推崇，最重要的是那种足以流芳百世的不畏强敌、顽强拼搏、永不言弃的奋斗精神和担当精神。

中国女排的发展史，就是一部艰苦奋斗史。从白手起家到铸就辉煌，靠的是艰苦奋斗、勇于担当；从低谷再到巅峰，靠的仍然是艰苦奋斗、勇于担当。在国家经济基础薄弱、物资匮乏的年代，她们利用最为简陋的条件开展"魔鬼训练"，即使摔得遍体鳞伤也含泪坚持。

三十多年来，中国女排前进的道路上有辉煌也有挫折，但不论在什么情况下，中国女排一直顽强拼搏，坚持奋斗，勇于担当，永不言弃。处顺境就自强不息增创更大优势，处逆境则自强不息化劣势为优势，从不怨天尤人，始终以顽强拼搏的担当精神带给人们感动与鼓舞。即使是面对最强大的对手，她们也毫无惧色，一球一球拼、一分一分搏，直到比赛的最后一刻！

"努力不一定成功，但放弃一定失败。"正如中国女排，她们在经历了低迷期，仍然不放弃，责任感、使命感让她们努力坚持奋斗再次荣登世界之巅。勇于担当是一种态度，只有勇于担当、坚持不懈地奋斗，人生才能趋于完美。

一群人正在铁路上工作，这时，一列缓缓开来的火车打断了他们的工作。火车停了下来，最后一节车厢的窗户打开了，一个低沉的、友好的声音响了起来："大卫，是你吗？"

大卫·安德森，这群人的负责人回答说："是我，吉姆，见到你真高兴。"

于是，大卫·安德森和这条铁路的总裁吉姆·墨菲进行了愉快的交谈。在长达一个多小时的愉快交谈之后，两人热情地握手道别。

大卫·安德森的下属立刻包围了他，他们对于他是墨菲铁路总裁的朋友这一点感到非常震惊。大卫解释说，二十多年以前，他和吉姆·墨菲是在同一天开始为这条铁路工作的。

其中一个人半认真半开玩笑地问大卫，为什么他现在仍在骄阳下工作，而吉姆·墨菲却成了总裁？

大卫非常惆怅地说："二十多年以前，我对自己的要求非常低，只做自己分内的事，有时候还会偷点儿懒，因为当时我的要求是每天能拿两美元就行了。而吉姆·墨菲对自己的要求非常高，他每天工作十几个小时，工作十分负责，从不敷衍，从不觉得累。而且他还说，他是为这条铁路而工作。"

美国成功学大师安东尼·罗宾说："如果你是个业务员，赚一万美元容易，还是十万美元容易？告诉你，是十万美元！为什么呢？如果你的目标是赚一万美元，那么你的打算不过是能糊口便成了。如果你不能给自己定下更高的标准，请问你工作时会兴奋吗？你会热情洋溢吗？"

这个最高标准怎么会有如此强大的推动力呢？归根结底，还是因为它里面蕴含了三个字——责任感。对此，美国作家威廉·埃拉里·钱宁说过："一个人不管从事哪种职业，他都应该尽心尽责，尽自己最大的努力谋求进步，只有这样，追求完美的念头才会在我们的头脑中变得根深蒂固。"

很多人觉得自己的工作做得很好了，可事实真的是这样吗？

面对工作，我们真的已经发挥了自己的最大潜能吗？面对工作，我们真的已经全力以赴了吗？面对工作，我们真的按照最高标准严格要求自己吗？

要知道，成功者从来都不会以平庸的表现自满，不管做什么事情，他们都会带着强烈的责任感全力以赴。所以，面对职场日益激烈的竞争，我们应该不断提升自身的责任意识，制定高标准，并严格按照这个最高标准来要求自己，努力超越平庸，将自己的工作做到完美。

你认为自己是什么样的人，就能够成为什么样的人，这就是态度的力量。同理，当我们按照最高标准来严格要求自己时，我们就能渐渐蜕变成一位卓越的员工，这便是责任感的力量。总之，成功与否并不取决于我们是谁，而取决于我们究竟以何种态度来对待手头上的工作。

69岁的日本"推销之神"原一平在一次演讲会上，有人问他推销的秘诀，他当场脱掉鞋袜，将提问的记者请上台，说："请您摸摸我的脚板。"

提问者摸了摸，十分惊讶地说："您脚板上的老茧好厚呀！"

原一平说："因为我走的路比别人多，跑得比别人勤。"

提问者略一沉思，顿时醒悟。

在不少战争片中，我们常常会见到这样的镜头，战役即将打响，常常有人向首长要求承担最艰巨、最危险的任务，并郑重承诺道："保证完成任务！"当首长问有什么困难时，"没有困难！"

这四个字往往是他们的答案。其实，身为员工，我们就是要拿出这种"保证完成任务"的决心和态度，按照最高标准要求自己，我们才能在工作中充满干劲，为了达到目标，努力克服一切困难。

要做"最好的员工"，就得对工作"真心实意"

责任愈大，机会愈多。谁承担了最大的责任，谁就拥有最多的机会。工作没我们想的那么可怕，成功也没有我们想的那么难。只要愿意去付出并敢于承担责任，愿意为自己的工作努力，我们就能做出业绩，取得成功。

责任，是对工作的使命，是敢于担当的勇气，是责无旁贷的义务。责任既是一种严格自律，也是一种社会他律，是一切追求成功和进步的人们基于自己的良知、信念、觉悟，自觉自愿履行的一种行为和担当。

一个人生活和事业的发展都离不开责任的推动。在工作当中，有些人过度地强调能力的重要性，认为人必须要有能力完成自己的工作才能取得成功，把责任放在一个次要的位置上面。殊不知，对责任的忽视往往会影响一个人事业的长远发展。事实上，只有能力与责任共有的人才是企业真正需要的人才。责任对个人及企业的重要影响难以计量，要真正把负责精神贯彻于整个工作和行动之中，让负责任成为人们的工作习惯，从而把握成功的先机。

1920 年的一天，美国一位 12 岁的小男孩正与他的伙伴们玩足球，一不小心，小男孩将足球踢到了邻近一户人家的窗户上，一块窗玻璃被击碎了。一位老人立即从屋里跑出来，勃然大怒，大声责问是谁干的。伙伴们纷纷逃跑了，小男孩却走到老人跟前，低着头向老人认错，并请求老人宽恕。然而，老人却十分固执，小男孩委屈地哭了。最后，老人同意小男孩回家拿钱赔偿。

回到家，闯了祸的小男孩怯生生地将事情的经过告诉了父亲。父亲并没有因为其年龄还小而开恩，而是板着脸沉思着一言不发。坐在一旁的母亲为儿子说情，开导着父亲。过了不知多久，父亲才冷冰冰地说道："家里虽然有钱，但是他闯的祸，就应该由他自己对过失行为负责。"停了一下，父亲还是掏出了钱，严肃地对小男孩说："这15美元我暂时借给你赔人家，不过，你必须想法还给我。"小男孩从父亲手中接过钱，飞快跑过去赔给了老人。

从此，小男孩一边刻苦读书，一边用空闲时间打工挣钱还父亲。由于他人小，不能干重活，他就到餐馆帮人洗盘子刷碗，有时还捡捡破烂儿。经过几个月的努力，他终于挣到了15美元，并自豪地交给了他的父亲。父亲欣然拍着他的肩膀说："一个能为自己的过失行为负责的人，将来一定会有出息的。"许多年以后，这位男孩成为美国的总统，他就是里根。

后来，里根在回忆往事时，深有感触地说："那一次闯祸之后，我懂得了做人的责任。"

在任何一家企业，只要你勤奋工作，认真、负责地坚守自己的工作岗位，你就肯定会受到尊重，从而获得更多的自尊心和自信心。不论一开始情况有多么糟糕，只要你能恪尽职守，毫不吝惜地投入自己的精力和热情，渐渐地你会为自己的工作感到骄傲和自豪，也必然会赢得他人的好感和认可。以主人翁和责任者的心态去对待工作，工作自然就能够做得精益求精。

如果想要在事业上有更多收获，取得更大的成功，那就去做一个负责任的人。伟大并不是来源于惊天动地的辉煌，它可能只是最初的一个小小的愿望，这个愿望是想要对社会做一点点事，是要承担一点小小的责任。就是这样"小"的一个出发点，最后却能让人越走越远，收获越来越多。这是因为一个责任感越强的人，收获的也就越多，拥有的机会也就越多，因此，他也是越容易成功的人。

乔治经过面试到一家钢铁公司上班，工作还不到一个月，他就发现了问题：每次炼铁的时候，很多矿石还没有得到充分的冶炼就被扔掉了。如果一直这样下去的话，公司无疑要遭受很大的损失，但是大家好像对这件事情都熟视无睹，乔治决定向负责人汇报这件事。但负责人不以为然，他认为乔治只是一个到厂不足一个月的普通工人，他所提的建议并不值得重视。而且，工厂的工程师都没有意见，可见不会有问题。于是，他对乔治的意见随便做了个记录，就让他回去了。

过了几天，乔治见问题并没有解决，就亲自找负责冶炼的工程师提出了自己的意见。工程师很自信地说："我们工厂的冶炼技术是世界上一流的，怎么可能会有这样的问题呢？"工程师是名牌大学毕业的高才生，同样不将乔治放在眼里。

虽然自己的意见没有被采纳，但是乔治不肯罢休，他想了想，从那些扔掉的还没有冶炼完全的矿石里面拿出一块来，去找公司负责技术的总工程师。见到总工程师之后，他将手中的矿石拿给他看，然后说："先生，我认为这是一块没有冶炼好的矿石，您认为呢？"

总工程师仔细地看了看，说："不错，这块石头里的含铁量很高。你从哪里得来的？"

乔治说："这是我们公司炼铁剩下的。"

总工程师大为吃惊，他简直不敢相信会有这样的事。他向乔治了解了事情的整个经过，然后和乔治一起到车间查看。原来是机器出现了问题，才导致了冶炼的不充分。

总工程师将这件事汇报给了总经理。第二天，总经理来到车间，宣布任命乔治为负责技术监督的工程师，这让乔治也觉得很意外。

在任命乔治后，总经理感慨地对周围的工人说："我们公司并不缺少工程师，但是却缺少负责任的工程师。这么大一个工厂，如此多的工程师，却没有一个人发现这个问题。当有人提出问题的时候，他们还不以为然。对于一个企业来讲，责任感比任何人才都更重要。"

每个人在工作中都希望能够不停地升职，不停地增加薪水，可事实上并不是所有人都能如愿以偿。有些人在工作中能够如鱼得水，独当一面；有些人却在工作中平平淡淡，碌碌无为。到底怎样才能在工作中收获更多？相信每个身在职场的人和将要步入职场的人都想知道答案。

通过对职场现状的研究，我们不难发现，那些有责任感，有使命感，愿意付出，积极承担责任，有问题不推脱，有困难不逃避的人总能在工作中收获成功。简而言之，对工作负责才能取得好的业绩。遗憾的是，并不是每个人都能深刻理解这个道理，因为责任贯穿在工作的方方面面。做到对工作负责远比用嘴巴说说自己愿意负责难得多。行胜于言，在工作中，尽力去做一个负责的员工，对自己的工作负责，让老板赏识，让机会降临，你会在工作中收获更多，成功也会变得越来越容易。

不要将自己该做的事推向他人，不要将今天该做的事推向明天，越逃避越失败，越失败的人越习惯逃避。因为很多时候，并不是我们选择成功，而是我们做了我们该做的事，承担了属于我们的责任，成功才来得水到渠成。

我们都是责任链上的一环

美国企业家玛丽·凯·阿什提出："承认问题是解决问题的第一步，你越是躲着问题，问题越会揪住你不放。"这就是著名的阿什法则。相信很多人都对此深有体悟。尤其在工作中，当我们犯错误的时候，脑子里往往会出现想隐瞒自己错误的想法。其实，承认现在的处境，直面自己的错误，才是解决问题的第一步。而一味地回避问题，只会让事情朝着最糟糕的方向发展。

众所周知，具有责任感是一个人在职场上立足的重要资本。每一位管理者总是希望把工作交给那些有责任感的人，谁也不会把重要的职位交给一个没有责任感的人。原因很简单，有责任感的人在问题出现时，从来都不会想着怎么去逃避自己的责任，相反，他会想尽一切办法去解决问题。

常言道，金无足赤，人无完人。任何一个人在工作中都难免有疏忽大意的时候，偶尔犯下错误也完全能够理解。其实，犯错并不可怕，真正可怕的是当我们因为粗心大意犯下错误时，脑子里想的竟然是如何合理地"落荒而逃"。这种不负责任、不愿担当的做法会让我们从此被打上"没有责任感"的标签，在工作中得不到他人的信任。

所以，在实际的工作中，我们必须清楚地认识到，我们每一个人都是企业这台大机器中的一个小零件，只要一个零件出了问题，这台机器就无法正常运转。而越是这个时候，我们越是要携起手来，共同承担责任，一起解决问题。

20世纪70年代中期，索尼彩电在日本国内已经很有名气了，但是在美国却不被顾客所接受，因而，索尼在美国市场的销售相当惨淡。为了改变这种局面，索尼公司派出了一位又一位负责人前往美国芝加哥，可遗憾的是，被派出去的负责人一个又一个空手而回，并且他们都为自己的铩羽而归找各种理由。

但索尼公司依旧没有放弃美国市场。后来，卯木肇担任了索尼国外部部长。上任不久，他被派往芝加哥。当卯木肇风尘仆仆地来到芝加哥时，令他吃惊不已的是，索尼彩电竟然在当地寄卖商店里无人问津。卯木肇百思不得其解，为什么在日本国内畅销的优质产品，一进入美国竟会落得如此下场？

经过一番调查，卯木肇知道了其中的原因。原来，以前来的那些负责人曾多次在当地的媒体上发布削价销售索尼彩电的广告，此举让索尼在当地消费者的心目中贴上了"次品"的标签，索尼的销量自然会受到影响。

这个时候，卯木肇完全可以选择回国复命：前任负责人把市场破坏了，这不关我的事儿，不是我的责任！但他并没有那么做，他首先想到的是要如何做才能改变索尼在消费者心目中这种既成的印象，从而让销售现状有所好转。经过几天苦苦的思索，他决定找一家实力雄厚的电器公司做突破口，彻底打开索尼电器的销售局面。

当时，马歇尔公司是芝加哥市最大的一家电器零售商，卯木肇最先想到了它。然而，在求见马歇尔公司总经理的过程中，卯木肇可谓吃尽了苦头，他连续三次登门拜访才求见成功，最后对方还是拒绝售卖索尼的产品。可卯木肇还是不放弃，他一再地表示要立即着手改变索尼在消费者心目中的形象。

回去后，卯木肇立即从寄卖店取回货品，取消削价销售，在当地报纸上重新刊登大面积的广告，重塑索尼形象。做完了这一切后，卯木肇再次敲响了马歇尔公司总经理的办公室大门。这一次，对方告诉他索尼的售后服务太差，产品卖不出去。为此，卯木肇立即成立索尼特约维修部，全面负责产品的售后服务工作，并重新刊登广告，附上特约维修部的电话和地址，24小时为顾客提供服务。

虽然屡次遭到拒绝，但卯木肇还是痴心不改。最后，在他的努力争取下，马歇尔公司总经理终于同意试销两台索尼彩电，不过条件是，如果一周之内卖不出去，卯木肇要马上将彩电搬走。

没想到，一周之内两台索尼彩电成功卖了出去，至此，索尼彩电终于挤进了芝加哥的商店。随后，进入家电的销售旺季，短短一个月内，马歇尔卖出七百多台索尼彩电，索尼和马歇尔获得了双赢。

有了马歇尔这只"带头牛"开路，芝加哥的一百多家商店都开始销售索尼彩电。不出三年，索尼彩电在芝加哥的市场占有率达到了30%。

幸亏卯木肇没有放弃，关键时刻，他并没有像那些前任负责人一样逃避问题、推卸责任、不愿担当，而是勇敢地直面问题，最终通过自己的不懈努力，成功让索尼彩电打入了美国市场。不难发现，卯木肇是一个极具责任感的员工，这种强烈的责任意识让他看到自己也是责任链条上的一环，唯有公司健康有序地发展壮大，自己才能拥有美好幸福的明天。

身为企业的一员，我们要多花点心思培养自己对工作的责任意识，一定要当好责任链条上的这一环，避免成为危及企业的害群之马。

责任胜于能力

在实际的工作中，一个员工的能力再强，如果他做事不够有负责任，那他就不能出色地完成任务，为企业创造价值；而一个员工如果自身的责任感很强，即使他能力稍逊一筹，通过努力，他也能够完成任务。所以，从某种程度上来说，责任比能力更重要。

事实证明，如果能带着强烈的责任感去工作，人们完全可以在实践中逐步提高自己的工作能力，从而将手头上的工作越做越好。

另外，现代职场非常讲究分工合作，如果我们自身具备强烈的责任感，就算能力稍有不足，最终也可以通过与其他同事的合作成就自己的一番事业。反之，如果一个人对工作缺乏必要的责任感，精神不振作，精力不集中，不明确自己承担的责任，不理解自己肩负的使命，即使他学识再广、素质再高、能力再大，也不堪重用。

有一位年轻护士第一次担任手术室责任护士。就要开始缝合伤口了，护士清点完器械和纱布后，着急地对外科大夫说："大夫，你只取出了 11 块纱布，可我们用了 12 块。"

"我已经都取出来了，"外科大夫断言说，"我们现在就开始缝合伤口。"

"不行！"年轻护士阻止说，"我们用了 12 块纱布。"

"由我负责好了，"大夫严厉地说，"缝合！"

年轻护士激烈地抗议说："你不能这样做，我们要为病人负责！"

就在这时，大夫微微一笑，举起他手中的第 12 块纱布，然后称赞她说："你是一位合格的护士。"显然，他是在考验年轻护士是否具有强烈的责任感、是否对自己的工作负责。

现在各行各业广纳贤才时，条件上都会注明"有责任感"这一条。可想而知，责任对于我们每位员工来说有多么重要。所以，我们应该不断提升自我的责任意识，努力做一个勇于负责任的好员工。要知道，当今社会并不缺乏有能力的人，既有一定能力同时又对工作勇于负责任的人，才是每位管理者想要的人才。

松下幸之助曾经说过："对产品来说，不是 100 分就是 0 分。"在他看来，任何产品只要存在一丝一毫的质量问题，都意味着失败。其实，这句话放在员工身上也是非常合理的，如果一个人对待工作认真负责的程度达不到 100 分，那他就是名副其实的"零分"员工。

众所周知，德国人向来以严谨闻名于世。对此，国内一家房地产公司的老总曾回忆道："1987 年，一个与我们公司合作的德国公司的工程师，为了拍项目的全景，本来在楼上就可以拍到，但他硬是徒步走了两公里爬到一座山上，连周围的景观都拍得很到位。

"当时我问他为什么要这么做，他只回答了一句：'回去董事会成员会向我提问，我要把这整个项目的情况告诉他们才算完成任务，不然就是工作没做到位。'"

这位德国工程师的个人信条就是："我要做的事情，不会让任何人操心。任何事情，只有做到100分才是合格，99分都是不合格。"

相信这位德国工程师的个人信条让很多人目瞪口呆，因为大部分人在工作上从来没有如此严苛地对待自己。现实的情况是，企业里的很多员工都是做一天和尚撞一天钟，在工作上一点儿也不追求精益求精，对于领导交代的任务，往往选择随便应付了事。

常言道，千里之堤，溃于蚁穴。这句话并没有夸大其词，要知道，现实工作中出现的很多问题，往往都是因为我们缺乏必要的责任感，在一些小事上没有做到位。

工作无小事，我们若想将工作做到尽善尽美，就必须努力加强责任意识，坚决拒当"差不多"员工，认真对待工作中的每件事。

一个商店老板需要招聘一个小伙计，他在商店的窗户上贴了一张招聘的广告——"招聘：一位能自我克制的男士。每星期35美元，优秀者可以拿55美元。"

每位求职者都要经过一个特别的考试。小伙子罗伯特看到广告后也前来应聘，他忐忑地等待着，终于，轮到他出场了。

商店老板问道："你能朗读吗？"

"能，先生。"罗伯特认真答道。

"你能读一读这一段吗？"商店老板把一张报纸放在罗伯特面前。

"可以，先生。"

"你能一刻不停顿地朗读吗？"

"可以，先生。"

"很好，跟我来。"商店老板把罗伯特带到他的私人办公室，然后把门关上。紧接着，他把这张报纸递到罗伯特手上。

朗读刚一开始，商店老板就放出一只可爱的小狗，小狗跑到罗伯特的脚边，蹭着他的小腿嬉戏玩闹。在这之前，许多能力比罗伯特要强的应聘者，都因受不住诱惑去看可爱的小狗，视线离开了朗读材料，因此而淘汰。但是罗伯特始终没有忘记自己的任务，他知道自己当下是求职者，所以他成功抵制住诱惑，一口气读完了那段文字。

商店老板很高兴，他问罗伯特："你在朗读的过程中有没有注意到你脚边的小狗？"

罗伯特如实答道："我有注意到，先生。"

"我想你应该知道它的存在，对吗？"

"对，先生。"

"那么，为什么你不看它们一眼呢？"商店老板好奇地问道。

"因为你告诉过我要不停顿地读完这一段文字。"

"你总是能信守自己的诺言，对工作认真负责吗？"

"的确是，我一直在努力地去做，先生。"

听完罗伯特的回答后，商店老板在高兴地对罗伯特说道："你被录取了，你就是我想要找的人。"

通过这个故事，我们可以清楚地看到，罗伯特之所以会打败那些能力出众的应聘者，全要归功于他自身强烈的责任感。不可否认，智商的高低、经验的多寡在工作中固然重要，但关键还在于我们是否有强烈的责任感。

在平时的工作中，我们经常会听到有人这样说："用中等的人才，可以办成上等的事情，而用上等的人才，却不一定能够办成中等的事情。"其实，这句话中蕴含的道理并不难理解，归根结底还是一个人有无责任感的问题。

总之，工作能不能做到完美，能力永远不是最重要的，关键还在于我们是否对工作尽职尽责。毫无疑问，那些具备强烈责任感的员工，总是把企业的利益视为自己的利益，他们会因为自己的所作所为影响到企业的利益而感到不安，所以加倍地鞭策自己，努力肩负起自己的职责，处处为企业着想。

所以，不论从事什么工作，也不论职位高低，我们都要深刻认识到，责任远比能力更重要。为了早日获得成功，我们每个人都要竭尽全力提升责任意识，争当一个对工作负责任、对岗位有责任感的优秀员工。

用百分之百的责任心，解决百分之一的问题

俗话说："不怕一万，就怕万一。"很多时候，当一件事情的大致方向尘埃落定后，最后决定事情成败的往往是一些小问题。

　　章凯威是乌鲁木齐一家对外出口贸易公司的业务主管。一次，公司费尽心思拿到了一个大订单，由于时间紧张、任务繁重，老板要求所有员工在这段时间都加班加点地工作，并令章凯威全权负责此事。

　　最后，在章凯威的带领下，大伙儿好不容易在规定的时间内完成了任务。然而，就在所有人都觉得可以彻底松一口气的时候，客户一通电话打过来，气急败坏地指责他们工作没做好，产品统统要退货。

　　原来，这些产品的质量都没有问题，但在包装上却出了点小差错。包装上的厂址本来应该是"乌鲁木齐某厂"，最后却被印成"鸟鲁木齐某厂"。公司老板得知此事后，狠狠地将章凯威批评了一顿，说他没有责任心，连这点小事都把不好关。章凯威身为这个订单的总负责人，自知难辞其咎，只好主动要求降职降薪。

　　然而，这一切都难以力挽狂澜，整个公司的信誉还是受到了极大的损失。

　　通过这个故事我们明白一个道理，那就是若想工作不出现一丝纰漏，我们就必须用百分之百的责任心，去解决哪怕所有小问题。

　　如果我们不敏锐地注意到所有小细节，不带着百分之百的责任心去解决它，那任何一个小问题都会成为我们工作中的隐患，随时都有可能给予我们致命的一击。

　　德国化学家李比希曾经试着把海藻烧成灰，用热水浸泡，再往里面通氯气，这样就能提取出海藻里面的碘。但是他发现，在剩余的残渣底部，沉淀着一层褐色的液体，收集起这些液体，会闻到一股刺鼻的臭味。他重复做这个试验，都得到了同样的结果。这种液体是什么呢？

李比希想，这些液体是通了氯气后得到的，说明氯气和海藻中的碘起了化学反应，生成了氯化碘。于是，他在盛着这些液体的瓶子上贴了一个标签，上面写着"氯化碘"。

几年后，李比希看到了一篇论文——《海藻中的新元素》，他屏着呼吸，细细地阅读，读完懊悔莫及。

原来，论文的作者，法国青年波拉德也做了和他同样的试验，也发现了那种褐色的液体。和李比希不同的是，波拉德没有中止试验，他继续深入研究这褐色的液体有什么样的性质，与当时已经发现的元素有什么异同。最后，他判断，这是一种尚未发现的新元素。波拉德为它起名"盐水"。波拉德把自己的发现通知给巴黎科学院，科学院把这个新元素改名为"溴"。

《海藻中的新元素》就是关于溴的论文。

这件事，深深地教育了李比希。他把那张"氯化碘"的标签从瓶子上小心翼翼地揭下来，装在镜框里，挂在床头，不但自己天天看，还经常让朋友们看。后来，他在自传中写道："从那以后，除非有非常可靠的试验作根据，我再也不凭空地自造理论了。"

从此，李比希更认真、更严谨地从事研究工作。有一次，他到一家化工厂考察。当时工厂正在生产名叫"柏林蓝"的绘画颜料。工人们把溶液倒入大铁锅，然后一边加热，一边用铁棒搅拌，发出很大的响声。李比希看到工人们搅拌非常吃力，就问工人："为什么要这样用力呢？"一位工长告诉他："搅拌的响声越大，柏林蓝的质量就越高。"

李比希没有放过这个问题，他反复思考：搅拌的声音和颜料的质量有什么关系呢？回去以后，他就动手试验，最后查出了原因。他写信告诉那家工厂："用铁棒在铁锅里搅拌，发出响声，实际上是使铁棒和铁锅摩擦，磨下一些铁屑，铁屑与溶液化合，提高了柏林蓝的质量。如果能在溶液中加入一些含铁的物质，不必用力磨蹭铁锅，也会提高柏林蓝的质量。"

那家工厂按照李比希的话去做，果然提高了颜料的质量，还减轻了工人的劳动强度。

李比希接受教训后，善于在异常现象中发现问题，又能通过试验找出解决问题的途径，所以成为化学史上的巨人。

很多人有所不知的是，在工作中，只有百分之百的责任心才能换来百分之百的完美结果。举个例子，一百件产品，有一件不合格，就可能让企业失去整个市场；一百次决策，有一次不成功，就可能让企业关门大吉。

而我们究竟要用什么办法，才能让那一件不合格的产品和那一次不成功的决策不出现呢？相信此时每个人心中都有一个明确的答案。没错，那就是带着百分之百的责任心去工作，让所有问题在我们百分之百的责任心面前没有容身之地。

26岁那年，怀着出人头地的梦想，余彭年跑到香港打工。由于人生地不熟，加上英文水平有限，又听不懂广东话，他找工作一直不顺利，最后好不容易才在一家公司找到一份勤杂工的工作。

他每天的工作内容，就是不停地扫扫地、洗洗厕所，或干点其他杂活。又苦又累不说，薪水还很低。但他又必须做这份工作，否则就要饿肚子。

余彭年所在的公司，周六和周日都休息，一到周末，辛苦工作了五天的勤杂工们就如获大赦，纷纷出去逛街、游玩。初来香港的余彭年也很想出去看看当地的风景。然而，他发现周末时常有人来公司加班，要没有人打扫卫生的话，那公司将会是一团糟。于是，当其他勤杂工出去玩的时候，只有他独自一人留下来打扫卫生，无一例外，每次他都会把公司打扫得干干净净。

就这样认真负责地干了半年，直到有一天周末，公司老板带着一位客户到公司会议室洽谈工作，这才发现了正在埋头打扫卫生的余彭年。望着一尘不染的会议室，客户笑着对老板说："我去过好多公司，在周末还保持如此干净整洁的仅此一家，仅凭这一点，我愿意同你合作。"客户的话让老板对余彭年好感倍增。

第二天，老板就找余彭年谈话，随后提升他为办公室的一名员工。而余彭年也没有辜负老板的好心，从此更加认真负责地工作，最后成功坐上公司总经理的宝座。

多年后，这位从勤杂工干起的湖南小伙子，创办了香港著名的彭年酒店，身价高达30亿港元。而在胡润发布的中国慈善榜上，余彭年多次名列榜首，被人们誉为国内最慷慨的慈善家。

其实，根据公司的规定，余彭年完全没有必要在周末打扫公司的卫生，可谁叫他是一个责任心满满的人呢？在意识到周末无人打扫会使公司变成一团糟后，他果断地放弃自己的休息时间，拿起扫帚和抹布，让公司重回干净、整洁和明朗。

同时，也正是因为他对待工作的这份担当，最后成功地帮公司拿下了一个大客户，并为自己赢来了一个光明的未来。由此可见，面对工作，我们每个人都应该像余彭年那样，始终带着百分之百的责任心。只有这样，我们才能将工作做好，为企业创造价值，让自己收获成功。

光"做了"不行，关键要把工作做到位

老子说过："天下难事，必做于易；天下大事，必做于细。"

这句话很明确地向我们指出了一个浅显的道理：要想把一件事情做好，就要先从最简单的事情入手；而一个人要想成就一番事业，取得一定成就，必须注意每一个细小环节，对自己的工作负责到底、担当到底。

纵观古今中外，但凡取得一定成就的人，往往是那些始终注意细节的人。就拿希尔顿饭店的创始人康拉德·希尔顿来说吧，他始终坚信只有真正注意每一个细节，才能真正体现出一个人的责任感来。所以，在平时的工作中，他时常要求自己的员工要认真对待每一件小事，把看似不起眼的细节做到异乎寻常的完美。

一家企业的副总裁凯普曾入住过希尔顿饭店。那天早上，凯普刚一打开门，走廊尽头站着的服务员就走过来向他问好。让凯普奇怪的并不是服务员的礼貌举动，而是服务员竟喊出了他的名字。

原来，希尔顿要求楼层服务员要时刻记住自己所服务的每个房间客人的名字，以便提供更细致周到的服务。当凯普坐电梯到一楼的时候，一楼的服务员同样也能够叫出他的名字，这让他很纳闷，服务员于是解释道："因为上面有电话过来，说您下来了。"

　　吃早餐的时候，饭店服务员送来了一个点心。凯普就问，这道菜中间红的是什么？服务员看了一眼，然后后退一步做了回答。凯普又问，旁边那个黑黑的是什么？服务员上前看了一眼，随即又后退一步做了回答。服务员为什么会后退一步？原来，她是为了避免自己的唾沫落到客人的餐点上。

　　或许，在很多人看来，这些都是一些不起眼的小事。但在商业社会中，只有将这些细节做到位，我们才能凭借超强的责任感赢得别人的信赖。

　　众所周知，现如今，随着现代社会化分工越来越细和专业化程度越来越高，一个要求精细化的时代已经到来。产品的竞争就是细节的竞争，而产品的竞争将决定着企业的成败。希尔顿正是深谙人人都渴望被重视的这一微妙细节，所以才会要求员工记住客户的名字，从而让客户不由自主产生一种被重视、被尊重、被关怀的感觉，客户自然而然就会成为希尔顿饭店最为忠实的回头客。

　　一次，一位女乘客乘坐某航空公司的航班由济南飞往北京，途中，她连要两杯水后又请求再来一杯，还带着歉意说自己实在口渴。然而，空乘人员的回答让她感到很失望："我们飞的是短途，储备的水不足，剩下的水还要留着飞上海用呢！"在遭遇了这一"细节"之后，那位女士决定今后再也不乘坐这家航空公司的飞机了。

　　从表面上看，这家航空公司只损失那位女士一位乘客，可我们稍微想一想就会发现，这位空乘人员不负责任的服务态度今后很有可能会得罪更多的乘客。长此以往，该航空公司就不得不为自己的"忽略细节"付出高昂的代价。

员工任何一丁点的疏忽都可能会引发客户的不满，最后连带公司都会在客户的心目中落下个不负责任的不良印象。总之，细节无处不在，在实际的工作中，我们不管是身居高位，还只是一名普通的员工，唯有注重细节，我们才能获得成功，最终迈向人生的巅峰。

东京一家贸易公司有一位小姐专门负责为客商购买车票。她常给德国一家大公司的商务经理购买来往于东京、大阪之间的火车票。不久，这位经理发现了一件趣事：每次去大阪时，他的座位总在右窗口，返回东京时，他的座位又总在左窗边。

出于好奇，经理询问购票小姐其中的缘故，购票小姐笑着回答道："去大阪时，富士山在您右边，返回东京时，富士山又到了您的左边。我想外国人都喜欢富士山的壮丽景色，所以我替您买了不同的车票。"

听了购票小姐的话，这位德国经理十分感动，最后他把对这家日本公司的贸易额由 400 万欧元提高到 1200 万欧元。他认为，在这样一件微不足道的小事上，这家公司的职员都能够想得如此周到，那么，跟他们做生意还有什么不放心的呢？

通过这个故事，我们可以看到，重视细节表现了一种对工作极为负责的态度，也表现了极其强烈的责任意识。我们都知道，大千世界，有成就非凡的天才，也有碌碌无为的凡人，而两者的区别究竟在哪里呢？仔细想想，无非是前者自身的担当意识更强一点，更追求细节的完美罢了。

　　当然，也有很多人说："成大事者，不拘小节。"这固然是一种处事态度，但若是在工作中不注意细节，往往会贻误大事，最后影响自己的职业前途。所以为了保险起见，我们还是要树立一种认真负责、勇于担当的工作态度，不轻视任何一件小事。唯有如此，我们才能让自己越来越专业化，从而在职场上赢得更多升职加薪的宝贵机会。

第二章

做最主动的员工

努力进取，主动付出

成功是没有捷径的，成功是一步一个脚印走出来的。成功需要我们长年累月的行动，需要我们不断的付出。

成功者通常会主动去工作。他们在别人还没起床的时候，就已经起床开始工作了；在别人还在休息的时候，他们已经完成了工作；在别人走了一里路的时候，他们已经走完了两里路；在别人仅仅读了一本书的时候，他们已经读完了两本书；别人工作八个小时，他们会工作十个小时。这就是成功的人，他们时刻都在付出着。

当成功的人超越了别人之后，他们就给自己制定下一个目标，超越自己。今天他们拜访了15个客户，那么，明天他们会争取拜访16个，甚至更多。今天读了一个小时书，明天他们会抽出更多的时间来读书。在他们觉得累了的时候，想的不是休息一下，而是再多做一点，再多走一步。这也是他们能够成功的原因！

美国有一个非常著名的汽车推销员，连续好几年都是公司排名第一的推销高手。在每天回到家的时候，他总会认真读一遍自己在书桌前面贴的一句话："今天你还需要再卖一台车才能回家睡觉。"读完之后，他便会利用休息时间出去找客户。而他的这种进取精神也给他带来了巨大的成功。

人终究是有惰性的，在实际工作中，很多人根本就不愿意多做一点、多付出一点，他们希望明天多睡一会儿懒觉，少做一点工作，多休息一会。

但总是有这样的想法，又怎么会获得成功呢？

如果一个人，每天都希望多休息一会儿、少做一点事情，那么，慢慢地他就会形成这样的习惯，最终会让自己陷入平庸。而那些多做一点点，多付出一点点的人才更容易成功。成功与失败实际上就是差了那么一点，你想要成功，就必须主动付出，主动争取。

率先主动是非常难得的一种品质。尤其是那些初入职场的员工。积极的员工可以更加敏捷，做事的效率会更高。不管你是管理者，还是普通职员，只要你能积极主动地付出，你就一定可以在竞争中脱颖而出。

其实，努力与付出从来都是一种收获。每天早到公司 10 分钟，不要觉得吃亏了。实际上，领导都知道，他们会觉得你非常重视这份工作。在你每天提前到公司的那一会，对自己的工作做一个大致的规划，当别人还在考虑今天应该做什么工作的时候，你已经在工作了。下班的时候晚一点走，把你今天所做的事情做个总结。这样一来，你的工作会更加条理清晰，效率也更高。

如果你能够比分内的工作做得更多，那么不仅可以彰显你的勤奋美德，同时也可以提升你的工作能力，让你具有更加强大的生存力量，可以更加轻松地走向成功。

"我虽然经常缺勤，但是我有能力。"不要觉得你这样说，领导就会看重你。你再有才能，但是你不认真工作，不积极主动为公司做事，领导也不会再聘用你。

有一个年轻人非常有才能，他在一家贸易公司工作，业绩突出。

但是，他有一个坏毛病，就是常常缺勤，有的时候甚至不和领导打招呼就自己去办私事了。他虽然在公司工作了两年多，但是却一直没有升职加薪。本来他的升职机会非常多，但就因为这个毛病，领导每次都将他排除在升职人员的名单外。领导不是不让员工请假，无论是谁，难免会生病，或者遇到其他的事要处理。但是，对于一个经常擅自离开岗位的员工，谁又敢让他们担负重任呢？这也就是他为什么升不了职的原因了。

再有能力的员工，假如他总是推托工作，常常不在岗位上，那么，他的才能也不会得到很大的发挥。这样的员工又怎么能够给企业带来利润呢？有才华不仅需要展示，同时也需要更多地运用，需要将你的才华发挥出来。所以说，不要觉得缺勤、不在岗没有关系，时间长了，对公司的影响会非常大。

对一个员工来说，多付出一点和少付出一点的差别在短时间内可能看不出来，但天长日久，就可以看出一个员工的优秀与平庸。对那些积极主动的员工来说，他们是不会轻易缺勤请假的，他们只会认真完成工作，多做一点工作。

积极主动的员工，会努力把握自己的人生，从而更好地掌握主动权。为自己的公司负责，也是为自己负责。积极主动的人，通常会与人交流自己的想法和意见，并且，自愿承担一些公司的额外工作。他们会找到自己的长处，他们更了解自己喜欢的工作。并且积极主动的人更有自信，他们懂得不断地激励自己，让自己获得更多的成长机会。

任何一个人身上都有没被开发的潜能。那些积极主动的人，通常会让自己隐藏的潜能激发出来，他们知道自己的未来，知道如何去工作，他们也就更加容易获得事业上的成功。

我们需要在日常的工作中主动进取，不管什么时候都实干。在一个企业中，假如每个人都能够主动实干，那么，他们就会形成一种力量，让企业得到更快的发展，获得更多的利润。

主动一点，机会就会更多一点

不要觉得你所工作的公司只是老板一个人的，你工作做得好坏，直接关系到了你自己的职业发展。经常抱怨的人，很容易成为"按钮"式的员工。他们常常是按部就班地工作，缺乏活力，时刻需要人监督。在老板不在的时候，他们可能就会偷懒，玩游戏、打电话，实际上这是在自毁前程。

不管我们在做什么样的工作，都不应该把自己当成是打工的人，我们要把公司当成是自己的公司来看待，把工作当成是自己的事业。这样一来，我们在工作的时候就会更有激情，更加负责，而且也会更加主动，你所得到的也不只是工作给你带来的成就感，甚至会有很多的机会。

在当今社会中，职场上有很多对工作消沉的人一定要在上级盯着的情况下才能够好好地工作。要不然的话，他们就会偷懒，老板给多少任务就完成多少，多干一点活都觉得很委屈。但是，你想过没有，与其这样每天浑浑噩噩地混日子，那还不如好好利用自己的业余时间来多干点工作。完成了本职工作，还可以积极主动地做一些其他的事情。如此下去，一天两天也许看不出什么变化，但是，时间久了，你就会发现，自己做了好多事情，能力也在慢慢地提升。自然而然地，就能够得到更多的机会。

张珊珊在一家公司做秘书。有一次，张珊珊同老板一起去见客户。陪老总去见客户之前，她请示要不要把合同带上。老总认为是初次见面，没有必要，而且签合同还早着呢。张珊珊觉得老总说得有道理，但是，就在她离开公司的时候，她还是将已经准备好的所有资料都带上了。

见到客户以后，客户对公司的产品表现出了极大的兴趣，不停地问这问那，最后聊到了合同。老总此时心里很后悔没有带上合同。就在这个时候，张珊珊微笑着从包里面拿出了文件资料，客户看了以后觉得非常满意，接着，张珊珊又拿出了公司的合同。经过了一番谈话，终于，客户决定立即签合同。

事后，老总对张珊珊非常赞赏。不久就为她涨了工资，还在全公司对她进行了表扬。

对于那些成功的人来说，不管面对的工作是简单的还是复杂的，不管对工作有没有兴趣，他们都会主动去做事情、找解决的办法。甚至于，他们可能比老板更加积极。这种主人翁的意识当然可以帮助一个人获得更好的发展。

一个人想要获得更高的成就，那么就要具有自动自发的精神。即便我们面前的工作非常无聊，也不应该找借口推托。

美国钢铁大王卡内基这样说过："在我们的生活中，有两种人永远都一事无成，一种是那些除非别人要他去做，否则他绝对不会主动去做事的人；而另一种人则是那些别人要求他做，他也不好好去做，做不好的人。那些不需要别人催促，就主动去做事情的人，他们不会半途而废，因为他们知道，付出的多，回报的也多。"

然而，让人感到遗憾的是，在日常工作中，很多员工并不能做到这一点。他们不去主动做事，工作态度也很差。在接到指令后，还要等到老板具体告诉他每一个项目可能会遇到的问题等。他们根本就不去借鉴过去的经验，也不会去思考这次任务到底和以前的任务有什么不同，是不是应该有什么地方需要提前注意等。他们在工作中投入的很少。他们遵守纪律、循规蹈矩，但是却没有一点责任感，只是非常机械地将自己的任务完成，一点创造性也没有。在老板看来，这样的员工根本就不会有发展。只有那些能准确掌握自己的指令，并主动加上自身的智慧和才干，把指令内容做得比预期还要好的人，才是老板真正需要的人。

陈宇大学毕业不久，来到一家新公司上班。虽然他已经在这家公司干了将近半个月的时间，但是他似乎还没有真正进入工作的状态。他根本就不知道应该做点什么好。上班的时候，他坐在办公桌前发呆，看着其他的同事都在认真地工作，他感到非常迷茫。

日复一日，时间很快就过去了。陈宇每天都是一样，在办公桌前坐着，没有事情可做，自己也不知道该做什么。相反，他的同事们却忙得不可开交。他觉得非常郁闷，以为公司想要辞退他，为什么一点工作也不给他安排呢？

他越想越觉得有些不安。于是，他去找了部门主管，希望可以得到一些工作任务。

他的话还没有说完，没想到主管表现出了惊讶的神情。主管说："你难道一点事情也没有吗？"

陈宇没有回答。

"你为什么不自己找点事情做呢？"主管稍微停了停，指着那些忙碌的同事说，"他们的工作难道也是我给他们找的吗？为什么不自己找点工作做呢？"

陈宇看了看其他人，觉得非常不好意思。他竟然从未意识到这是一个严峻的问题。

很多人在工作中和陈宇一样，他们没有了领导委派的任务就不知道该做什么了，也不知道自己的工作重心在哪里，应该怎么做。对一个真正具有敬业精神的员工来说，他是绝对不会这样的。很多时候，他们会积极主动地找事情做。

如果一个人在职场中能够得到长期的发展，那么，他一定是一个具有敬业精神的人，是一个能够积极主动地面对工作的人。我们要明白，在工作中，不管我们需要担任的是什么样的任务，都要好好去做。

其实任何公司都有一套分工明确的责任体系，老板没有太多的时间来给每个员工安排工作。很多时候，需要我们自己去积极主动地寻找工作。我们在开展工作时，就算是能力很强的人，也很难预料会发生什么样的问题，所以，我们在具体的工作中，需要积极地调整步伐。如果所有的事情都需要等待安排，那么，我们又怎么能够做出好的成绩呢？我们必须从等待工作的状态中走出来，做一个敬业的、积极主动的好员工。

攀登事业的"高峰"

一个人能不能将工作做好，最主要的是看他是不是具有主动工作的精神。这种精神决定了他对工作的态度。假如你真的希望把工作做好，你就会努力去工作。你希望成为老板眼中的能人，成为公司不可或缺的人物，那么，你就需要积极主动地面对自己所要做的工作。可是，却有很多人并不知道这一点。

在工作中，任何消极的态度都会给你造成阻碍，会挡住你通往成功的路。而积极的心态，就像是一把钥匙一样，可以将你成功的大门打开。不管什么时候，只有积极主动才能够为自己带来提升的机会。

当我们在积极主动地做事的时候，我们会开动脑筋，考虑如何把工作更快更好地完成。一个优秀的员工，他总能主动为自己的职场开辟出广阔的空间。

吴素雅取得了机械专业的博士学位后，没有急着去世界 500 强的企业工作，而是选择到一家非常普通的制造汽车零配件的企业来做质检员。

最开始的时候，吴素雅的待遇同普通员工一样。即便是这样，她依然非常努力地工作。每天早出晚归，这让公司里的同事非常不理解。这一切老板一直看在眼里，记在心上。

差不多工作了半个月，她发现公司生产产品的成本非常高，然而，产品的质量却根本上不去。于是，她自己就主动去做了大量工作，做出了一份详细的计划书。

身边的很多同事都不理解她，劝导她说："老板给你的工资也不是很高，你为什么这样辛苦地为他工作呢？"她笑着说道："我并不是为了工作而工作的，既然我做了这份工作，那么，我就要将它做好。对工作负责，实际上也是对我的未来负责，这样我才可以安心工作。"

当她将自己写好的计划书交给老板后，老板非常惊喜，同意了她的计划。过了一年，吴素雅晋升为公司的经理。

从上面的故事中我们可以发现，我们面对工作时的态度，就已经决定了我们的工作待遇。如果没有积极主动的心态，那我们在工作中必然会处于一种被动的状态。没有主动的精神，我们就会认为工作完全是为了自己的薪水，也就无法拿出百分之百的精力投入到工作中去。而当我们换了另一种心态，积极主动地面对工作时，就好像将我们的潜能都激发出来了一样，工作也就变得非常简单。

每个老板都希望自己能够找到一个有才能的人。在公司里，有很多重要的任务等着你去做，就看你有没有能力去完成。一个积极主动的人，往往会将自己的能力表现出来，让老板知道他的才能。因此，他们也就有了更好的工作机会。当你在积极主动地工作的时候，还会在工作中得到磨炼，自我的能力得到更好地提升，这对你未来的事业也会有很大的帮助。

朱新礼大学刚毕业就来到了一家出版社，做编辑的工作。他的文笔非常好，工作的时候也非常认真。因此，他总是受到领导和同事的称赞。不过，出版社的新员工薪水非常低。工作了一段时间后，薪水依然没有涨，于是，很多新员工就开始抱怨："本来以为到了出版社，能够有很好的薪水和福利，没想到这么少！工作了快一年了，一点工资都没有涨。"

朱新礼并没有参与到这种私下的抱怨中，他依然勤勤恳恳地工作着。有很多人笑他傻，拿了那么一点工资，还依然那么卖命地工作。然而，每次他都是微微一笑，然后又开始全身心地投入到了工作中。

当时，出版社有一大批书要出版，因此，编辑的工作多了很多，每个人都非常忙碌。而出版社领导根本就没有增加人手的打算，后来，甚至要求编辑部的人去帮忙发行。这样一来，不仅仅是新员工，就连老员工也觉得非常不满意。整个编辑部只有朱新礼愿意去发行部门帮忙，其他的人都只去了一两次，就不再去了。

有人偷偷地问他："你这样每天都被指派来指派去，干了那么多的活，最后却拿了那么一点的工资，你为什么还要干呢？"

朱新礼笑着说："愿意多付出，你才能够收获更多。我认为多做事对我来说没有什么坏处，反而能够增长我的经验和知识。"

两年过去了，同朱新礼一起来到公司的新员工，有一些已经被辞退了，还有一些，虽然在编辑部继续工作，但是他们的薪水待遇没有提升多少。但是，朱新礼的薪水已经提升了两倍，而且，他已经成了第五编辑室的负责人。

从上面所讲述的事例中我们发现，你想要在职场中获得更多的机会，更好的发展，就必须要积极主动地去工作。主动并不只是说将我们的工作做好，更重要的是，可以将我们的能力慢慢地表现出来。

一个敬业的人一定也是一个懂得主动工作的人，而主动工作使我们能够得到更多的回报，可以让我们了解更多的工作，这对我们的职业生涯有很大的帮助。不仅能把工作做得更好，同时也是修炼自我能力的过程。这样一来，我们不仅为公司做出了贡献，而且还能够提升自我能力。

养成主动工作的习惯

主动的人总是精神饱满、积极乐观。在工作中，他们总是积极地寻求各种解决问题的办法，即使在工作遇到困难和挫折时也是如此。

作为一名普通员工，我们有理由相信，在工作当中，养成主动工作的习惯一定能够给我们的工作带来不一样的变化。

那天正好是星期六，刚刚大学毕业的王楠到当地的人才市场上去找工作。她发现有一家招聘摊位前挤满了求职者，于是也跟着挤过去看，原来这家单位正在招聘自己想要寻找的秘书职位。

由于前来应聘的人特别多，加上当时正值酷暑，大厅内温度非常高，求职者的嘈杂声让应聘考官心烦意乱。就在应聘考官决定暂停当天的招聘时，他突然发现整个大厅里的嘈杂声小了许多，当他正要站起来看个究竟时，旁边的工作人员告诉他，是前来应聘的一个女孩在大厅内主动帮助维持秩序。考官听到这话，心头一震：自己从事招聘工作这么多年，还从来没有遇见过女孩这种主动工作的行为呢，像这种积极性、主动性强烈的女孩现在还真是少见，这种行为也正是一个秘书所要具备的基本要求。

于是，这位应聘考官立即停止手头的工作，让旁边的工作人员把正在大厅后面维持秩序的王楠叫到自己的跟前，询问她为什么能够主动站出来维持大厅的秩序，并仔细地看了王楠提交的求职简历。王楠拂了拂额前的头发，面带微笑地说："没什么，我也是求职队伍中的一员，维持好求职秩序和环境，是每一位求职人员应该做的事情，况且您也需要清静来阅读我们的求职材料。"

最后，王楠在众多的求职者中脱颖而出，成为唯一的成功者。

通过上面的例子，我们不难看出，王楠这种积极主动的行为，正是她求职成功的主要原因。

相信很多人在工作时都会有偶尔懒惰和拖延的情况发生。有的人想改掉这个毛病，但苦于无处着手。

懒惰会让人的心灵变得灰暗，会让你对勤奋的人产生嫉妒，一个懒惰的人只会看到事物的表面现象，看到别人获得了财富，他会认为这不过是别人比自己更幸运罢了，看到别人比自己更有学识和才智，则说那是因为自己的天分不如别人。这样的人不明白没有努力是难以成功的。事实上，每一个成功者的成就都是依靠自己的不懈努力获得的。

懒惰的人最大的恶习就是拖沓。把头一天的工作拖延到第二天，这种工作习惯实在让任何人都无法对他产生信任。对一个渴望取得成功的人来说，拖延是一个危险的恶习，它将让你裹足不前。

拖延简直就是对我们宝贵生命的一种无端浪费。但是这样的行为却在我们的工作和生活中不断发生，如果把你一天的时间记录下来，你会发现，拖延不知不觉地消耗了你大部分的时间。

有许多这样的人，他们大清早就被闹钟从睡梦中惊醒了，他一边想着自己的计划，一边又在对自己说，再睡一会吧！就这样，五分钟过去了，十分钟过去了……。

人们找借口总是那么理由充分，然而却难以把工作做好，这实在是件十分奇怪的事。其实，一个人只要把他那些整天想着如何欺瞒他人的时间和精力用到正事上来，那么他们是一定能取得一番成绩的。

那么，有什么方法可以消除你在工作中的懒惰和拖延呢？最好的途径就是养成主动工作的习惯。

当主动工作成为一种习惯的时候，我们便不会因为懒惰和拖延而耽误了工作，自然而然地，就能够在工作上更加顺利。我们该如何养成主动工作的好习惯呢？总的来说，养成主动工作的好习惯需要我们有以下品质。

首先，顽强的毅力。狄更斯认为："顽强的毅力可以征服世界上任何一座高峰。"富兰克林认为："唯坚忍者始能遂其志。"马克•吐温则认为："人的思想是了不起的，只要专注于某一项事业，就一定会做出使自己感到吃惊的成绩来。"从这些伟人、名人的格言中，我们可以体会到，毅力对于事业的成功具有多么重要的意义。

人生道路到处布满了荆棘，有着各种各样的挫折。走在这条崎岖的道路上，如果你不具备坚强的意志，那么意味着你难以成就大事，你的一生只是平庸的一生。如果你有坚强的意志，那么即使你遇到挫折和失败，也不会停下来，跌倒了爬起，再跌倒，再爬起。就这样，你获得了真正的人生，从而走向成功的彼岸。

主动工作需要我们不懈的努力，而养成主动工作的习惯则需要长期的毅力，因此，想要培养自己主动工作的习惯，就需要培养我们的毅力，让毅力促成习惯的养成。

其次，坚强的意志力。我们在主动工作的过程中必然会体会到诸多不公平，比如，自己做得比别人多，拿得却比别人少。或者是一些人在背后进行诋毁、讽刺，而这些负能量正需要我们用坚强的意志力去克服。

那么，该如何培养坚强的意志力呢？很简单，只要你确定工作的目标，专注于你的目标，那么你所有的思想、行动及意念都会朝着那个方向前进。坚强的意志是身体健康的一部分，不管发生了什么情况，你必须具有坚持把工作完成到底的能力。它是身体健康和精神饱满的一种象征，这也是你发展成为领导者并赢得卓越的驾驭能力所必需的个人品质。实际上，意志力是与勇气紧密相关的，当事态真正遇到困难时你所必备的一种坚持到底的能力，是需要跑上几公里还得具有百米冲刺的能力。它也可以被认为是需要忍受疼痛、疲劳、艰苦，并体现在体力上和精神上的持久力。

意志是你在极其艰苦的精神和肉体的压力下长期从事卓有成效的工作能力，它是需要你长时间付出的额外努力。

最后，要从小事做起。高尔基说："哪怕是对自己的一点小小的克制，也会使人变得强而有力。"生活一再昭示，人皆可以有毅力，人皆可以锻炼毅力，毅力与克服困难伴生。克服困难的过程，也就是培养、增强毅力的过程。毅力不很强的人，往往能克服小困难，而不能克服大困难；但是，克服小困难之小胜也能使人积大困难之毅力。小事情很多，从哪些小事情做起，有的人好睡懒觉，那不妨来个醒了就起；有的人"今日事，靠明天"，那就把"今日事，今日毕"作为座右铭；有的人碰到书就想打瞌睡，那就每天强迫自己读一小时的书，不读完就不睡觉，只要天天强迫自己坐在书本面前，习惯总会形成，毅力也就油然而生。人是需要从自己做起的，因为人有惰性。克服惰性需要毅力。任何惰性都是相通的，任何意志性的行动也是共生的。事物从来相辅相成，此长彼消。从小事情做起就可以培养大毅力，其道理就在其中。

要养成主动工作的习惯，我们也可以为自己制定一个明确的工作任务，并主动去完成它。如每天至少做一件对他人有价值的事情，不要去在乎是否有报酬；每天告诉别人养成主动工作习惯的意义，至少告诉一个人以上，以此提醒自己主动工作。

总而言之，养成主动工作的习惯也不是一朝一夕就能完成的事，我们必须要培养自己的毅力、意志力，从小事做起，把自己当成是企业的主人而不是一名"打工者"，只有这样，我们才能够逐渐获得主动工作的习惯，并使之成为我们工作品格中最重要的一个"亮点"。

不做消极的员工

在企业中，我们总能看到消极的员工。他们认为自己按时上下班，从来不迟到、不早退就是对工作负责了。他们工作的主动性很差，就和"算盘珠子"一样，你拨一下，他们就动一下，如果你不拨，它就不动。在工作中，他们都是在敷衍工作，一点积极性也没有。

对于那些敷衍工作的人来说，他们总是在消极被动地等待工作，根本没有主动出击的意愿。但我们也都知道，在工作中，如果只是一味地去等待工作，那么实际上就已经陷入了被动，长此以往，肯定会限制自己的成长。

李开复这样说过："我们不应该只是被动地等待别人告诉我们应该去做什么工作，我们需要的是如何主动去了解自己的兴趣，并且很好地去规划它们，尽心尽力，认真负责地去完成。仔细想想，那些获得了成功的人，他们哪个是等着别人吩咐工作的人？在对待工作的时候，我们应该像对待孩子一样，富有责任心和爱心，全力投入到工作中去，不断努力。如果你真的这样做了，那么，你离成功也就很近了。"

对此，下面这个故事或许可以做一个很好的说明。

兄弟三人在一家公司上班，但他们的薪水并不相同：老大的周薪是350美元，老二的周薪是250美元，老三的周薪只有200美元。父亲感到非常困惑，便向这家公司的老总询问为何兄弟三人的薪水不同。

老总没做过多的解释，只是说："我现在叫他们三个人做相同的事，你只要在旁边看看他们的表现，就可以得到答案了。"

老总先把老三叫来，吩咐道："现在请你去调查停泊在港口的船，船上皮毛的数量、价格和品质，你都要详细地记录下来，并尽快给我答复。"

老三将工作内容抄录下来之后，就离开了。5分钟后，他告诉老总，他已经用电话询问过了，他通过一通电话就完成了他的任务。

老总再把老二叫来，并吩咐他做同一件事情。一个小时后，老二回到总经理办公室，一边擦汗一边解释说，他是坐公交车去的，并且将船上的货物数量、品质等详细报告出来。

老总再把老大找来，先将老二报告的内容告诉他，然后吩咐他去做详细调查。两个小时后，老大回到公司，除了向总经理做了更详尽的报告外，他还将船上最有商业价值的货物详细记录了下来，为了让总经理更了解情况，他还约了货主第二天早上10点到公司来一趟。回程中，他又到其他两三家皮毛公司询问了货物的品质、价格。

观察了三兄弟的工作表现后，父亲恍然大悟地说："再没有比他们的实际行动更能说明这一切的了。"

从这个案例中我们可以看出，主动性可以体现出优秀员工与一个普通员工的差距。积极主动的员工可以将工作做得非常圆满，让老板省心，而这也是老板所喜欢的员工。

在企业中，我们发现大部分员工在等待领导的安排，然后才去工作。这样的员工就没有一点主动工作的意识，在工作中也无法很好地完成任务。领导也不会赏识这样的员工。在工作中，那些总是将被动变成主动，积极工作的员工，往往会赢得更多客户的信任，他们自己的业务也有一定的提升，做出更大的业绩。从下面的故事，我们会发现主动和被动的差异有多大。

"我现在要讲的实际上是一次我的亲身经历。当时，我仅仅是一个做润滑油销售的普通员工，负责中国地区的推广。那个时候，知名的润滑油品牌，如埃克森和美孚早早就打入了中国市场，而且它们的质量、品牌都受到了大众的认可。而我们公司的产品，在中国无人知晓，中文名字还是我去注册的，想要打开销售的局面很难。"现在是一家润滑油企业销售经理的李春这样说。

"有一次，我和我们一个销售小组到一个非常偏僻的汽车维修厂去推销我们的产品。当时，那家维修厂所用的产品基本上都是埃克森和美孚的，虽然说维修厂的外观破旧，可是生意非常红火。我进去后，还没有说几句话，甚至连我们的产品都没有介绍完，这家维修厂的经理就感到不耐烦了，他吼道：'你们公司到底是什么产品，根本就没有听说过，还是不要耽误我的时间了。'"李春回忆，"当时我受到了很大的打击。"

"'经理，我可以最后再问您一个问题吗？'他没有说话，表示让我问，我就问了一个问题。没想到，就是这个问题让我得到了这个客户。我当时是这样问的：'经理，你的工厂外观非常陈旧，而且所处的地段也非常偏僻，你是如何让那些宝马、奔驰汽车到您的修理厂来维修的呢？难道工厂一开始就有非常好的业绩吗？'经理听了后，感觉很不舒服，他反驳我：'怎么会那么顺利，我刚开始营业的时候，一点生意也没有。后来，由于附近发生了一起车祸，我们求人家来这里维修，这才获得了第一个客户。'

"经理的情绪有些激动，我又接着说：'实际上，我们的产品也是第一次进入中国市场，我们现在的情况和你当初是一样的，但是，如果你可以给我们一次机会，我们也需要来证明我们的产品。'没想到，后来经理同意了，他表示愿意试一试我们的产品。"

实际上，我们所谓的成功一点也不难。很多时候，成功是我们自己争取过来的。如果你总是被动地等着，那是根本不可能的，你要知道，天上是不会掉馅饼的。而且，就算是天上掉馅饼了，那也需要我们去捡才行。总是被动地等着，怎么可能获得成功呢！

一个刚刚毕业不久的大学生对他的老师说："我投递了两份简历，其中，我非常喜欢的一份工作竞争很激烈，我只好等着了。如果实在不行，我就去另一家公司上班。"

老师感到非常惊讶，说："既然你非常喜欢第一份工作，那么你为什么不主动一点呢？主动去争取。"

不管什么时候，都不要忘了，被动实际上就表明你在弃权。只有主动积极地去争取，你才可以获得你想要的。

在工作中，消极的态度会给你造成阻碍，也可能挡住你通往成功的路。而一个积极的心态，就像是一把钥匙一样，可以将成功的大门打开。很多时候，机会是通过我们自己的积极主动获得的。因此，我们需要从现在开始，抛弃消极和被动，让自己变得自信、积极起来。

👍 主动积极，自动自发

一个人如果想在工作中脱颖而出，最重要的一点是：能够带着勇于负责任的态度主动地去工作。要知道，我们在工作中越是认真负责，越是勇于负责，越是积极主动，那最后就越能得到身边人的认可和信赖。

《致加西亚的信》一书中曾说："世界会给你以厚报，既有金钱也有荣誉，只要你具备这样一种品质，那就是主动。"如果仔细观察周边的成功人士，我们会发现，所有的成功人士都有一个共同的特点，那就是他们对自己所从事的工作有着异于常人的积极主动的态度，正是这种态度指引他们最终走向成功。

有些人经常无奈地说："我也想主动，但是我不懂，不知道应该怎么做。"其实，所谓的主动，指的就是随时准备把握机会。换言之，主动就是不用别人耳听面命，我们也能出色地完成工作。

实际上，但凡我们是一个有担当精神的人，我们就不会有被动之人的那些困扰，因为不用别人吩咐交代，担当意识自会驱使我们主动去了解自己应该做什么，还能做什么，以及怎样才能做到精益求精。

小宋和小张同一时间进入一家快餐厅当服务员，她们俩年纪差不多大，刚开始都拿着相同的薪水。可是没过多久，小宋就得到了老板的褒奖，很快加薪又升职，而小张却依然在原地踏步。

对此，小张感到很是不满，每天牢骚不断，周围其他的同事同样也心存疑虑。最后，老板为了让大家对自己的决定心服口服，特地让所有人站在一旁，仔细看看小宋是如何完成服务工作的。

这个时候，在冷饮柜台前，顾客走过来向小宋要一杯麦乳混合饮料。其实，在这种情况下，小宋只要把饮料递给客户就可以了，但她没有立刻这么做，而是微笑着问道："小姐，您愿意在饮料中加入一个还是两个鸡蛋呢？"

顾客不假思索地回道："哦，一个就够了。"

就这样，小宋看似"多此一举"的一句话，成功地让快餐厅多卖出一个鸡蛋，因为在麦乳饮料中加一个鸡蛋通常是要额外收钱的。

老板语重心长地说道："据我观察，我们大多数服务员是这样提问的：

'小姐，你愿意在你的饮料中加一个鸡蛋吗？'而这时顾客的回答通常是：'哦，不，谢谢。'所以，对于像小宋这种能够在工作中积极主动想办法解决问题的员工，我完全没有理由不给她加薪升职。"

确实，优秀的员工，往往都具备积极主动工作的意识，他们会主动为自己设定工作目标，就像故事中的小宋一样，积极主动地寻找解决办法，尽己所能为餐厅创造经济价值。

所以，如果我们想获得加薪和升迁的机会，那就必须不断提升自我的责任意识，永远保持主动工作的精神。小宋不就是一个最好的例子吗？她一开始也只是一个普通的服务员，可她并没有因为职位小而怠慢自己的工作，相反，她比谁都要认真负责，比谁都要积极主动。试问，成功能不敲响她的门吗？

在我们身边，每天都有很多人匆匆忙忙地上班、下班，一到固定的日子就去领自己的那份薪水，高兴一番或是抱怨一番之后，他们仍旧继续之前匆忙上班、下班的生活。不难发现，这种人每天的工作都是被动的，在他们身上，我们看不到积极、主动、创造力。

这些被动工作的人或许会觉得，"我每天早出晚归，按时上班，从不早退，老板交代什么我就做什么，不就是对工作负责的表现吗？"可老板却不这么认为，在老板看来，那些"你说什么我就去做什么，你不说我就懒得去做"的员工，实质上跟机器人没什么区别。既然只是一台工作机器，那势必就是一个需要老板不断监督和鞭策的人，而这样的人又怎能担得起"责任"二字呢？要知道，真正对工作负责的员工，总能想老板所想，急老板所急，积极主动地为老板排忧解难，竭尽全力地为公司创造效益。

一位投资商投资兴建了一家海洋馆，由于成本较高，海洋馆门票设为150元一张，但是这个价位对于市民来说有些偏高，很多想参观的人望而却步。开馆一年后，生意越来越冷清，实在坚持不下去的投资商只能"忍痛割爱"，把海洋馆低价转手给他人。新主人接手后，开始苦思经营之道。

这时，海洋馆的一位检票员对老板说，她有一个办法可以试一试。于是，老板按照她说的方法进行尝试，一个月后，来馆参观的人天天络绎不绝，海洋馆的生意越来越好。这些游客中，大约三分之一是儿童，三分之二是成人。那位检票员的方法就是：儿童可以免费参观。

通过这个故事，我们可以看到，这位检票员是一位具有责任感的员工，她从未将自己的责任局限在现有岗位上，而是充分发挥自己的主观能动性，积极主动地为老板解决问题。相比于那些听令行事的"按钮式"员工，她当然更受老板的喜爱，我们当然有理由相信她的职场前途肯定一片灿烂。

积极主动地工作，同时为自己的所作所为承担责任，积极主动，自发自动，这才是我们身为员工该有的工作态度。我们要明白，对工作认真负责、勇于担当、积极主动的人，不管走到哪儿都能获得成功，而那些对工作敷衍了事、消极被动的人，不可能取得事业的成功。

第三章
做执行力最强的员工

实干才能实现梦想

在职场中，面对同一份工作，有的人工作起来得心应手，诸事顺利；有的人却不尽如人意，怨声载道。请问，大家做的事明明都差不多，为什么最后会出现这两种完全相反的结果呢？

原因就在于前者总是能自觉承担责任，勇于担当，自动自发地去执行任务；而后者做事向来懒于思考，疲于行动，眼里根本就没有活儿，就算上级给他们安排了工作任务，他们也会随随便便应付了事。可以说，被动消极是贴在他们身上的最恰当的标签。

当然，我们必须要搞清楚，主动执行并非一句简单的口号或是一个简单的动作，而是要充分发挥自己的主观能动性，在接受工作任务后，尽一切努力，想尽一切办法，把工作做到最好。

董明珠——珠海格力电器有限公司副董事长兼总裁，中国空调界一个举足轻重、掷地有声的名字。很多人好奇她为何会如此成功，也许我们可以从她一件小小的事件——"主动讨债"中找到答案。

初到格力电器时，董明珠只是一名最底层的销售人员，她被派到安徽芜湖做市场营销工作。当时，她的前任留下了一个烂摊子：有一批货给了一家经销商，但经销商很长时间都不肯付货款，几十万元的货款一直收不回来。

其实，公司并没有把收款的任务交给董明珠，所以按理说，她完全可以对此撒手不管，一门心思把自己的业务开拓好就可以了。

可董明珠却不那么认为，她心想："既然我是公司的一分子，那别人欠公司的钱，我就有责任把这笔钱收回来。"

就这样，她跟那家不讲信誉的经销商软磨硬泡，经过几个月的努力，虽然没要到货款，但总算把货要回来了。

让董明珠没想到的是，这次"多管闲事"的讨债行为，刚好让公司见识了她的工作实力。很快，她就从基层员工中脱颖而出，坐上销售经理的位置。在后来的工作中，董明珠继续展示着她对责任的自觉担当以及对工作的超强执行力，这一切将她推上总裁的宝座。

可以看到，董明珠的成功并非偶然，她对责任的自觉担当以及她对工作的主动执行，才是她最终获得成功的根本原因。著名成功学家拿破仑·希尔曾经说过："主动执行是一种极为难得的美德，它能驱使一个人在没被吩咐应该去做什么事之前，就能主动地去做应该做的事。"

众所周知，执行是实现目标的关键，任何好的计划都需要员工高效的执行来完成，能否完美执行是考验一个员工能否成为优秀员工的条件。而员工自身执行力的高低，也直接决定了他们的职场前途。

纵观现代职场，那些发展最快、成就最高的员工，往往都是将责任承担得最彻底、将执行做得最出色的人。因此，我们要想在事业上有所成就，就必须培养自己积极、主动、负责的工作精神，自觉地从被动执行走向主动执行，唯有如此，我们才能获得宝贵的机会，实现自己的人生价值。

　　一次，海尔举行全球经理人年会。会上，海尔美国贸易公司总裁迈克说，冷柜在美国的销量非常好，但冷柜比较深，用户拿东西尤其是翻找下面的东西很不方便。他提出，如果能改善一下，上面可以掀盖，下面有抽屉分隔，让用户不必探身取物，那就非常完美了。会议还在进行的时候，设计人员已经通知车间做好准备，下午在回工厂的汽车上，大家拿出了设计方案。

　　当天，设计和制作人员不眠不休，晚上，第一代样机就出现在迈克的面前。看到改良后的产品时，迈克难以置信，他的一个念头17小时就变成了一个产品，他感慨地说："这是我所见过的最神速的反应。"

　　第二天，海尔全球经理人年会闭幕晚宴在青岛海尔国际培训中心举行，新的冷柜摆在宴会厅中。当主持人宣布，这就是迈克先生要求的新式冷柜时，全场响起热烈的掌声。如今，这款冷柜已经被美国大零售商西尔斯包销，在美国市场占据了同类产品40%的份额。

　　现代许多职场人一味地强调忙碌，却忘记了工作成效。做事并不难，人人都在做，天天都在做，重要的是将事做成。做事和做成事是两回事，做事只是基础，而只有将事做成，你的工作才算真正完成了。如果只是敷衍了事，那就等于在浪费时间，做了跟没做一样。这就是很多看起来从早忙到晚的人却忙而无果的重要原因。

　　做了并不意味着完成了工作，把问题解决好，才称得上是合格地完成了工作。所以，我们要想有好的发展，在工作时就不能将目光只停留在做上，而应该看得更远一些，将着眼点放在做好上。日事日清的员工只有把做好作为执行的关键，才能圆满地完成工作任务。

美国通用电气公司（GE公司）看重的是员工落实点子的能力，而不是能想出多少好点子。"你做了多少"是GE公司评价员工的核心观念。新员工进入GE公司，公司会在员工的入职教育中告诉他们，在GE公司的企业文化中，"你做了多少"是最重要的。即使你是哈佛大学的高才生，即使你有最出色的机会，一旦进入GE公司，他们只关注你的成绩，只关注你做了多少。

如果你想获得加薪和升迁的机会，那你就得自觉背负更多的担当，并积极主动地执行。当你养成这种自动自发工作的习惯后，你就可以用行动证明自己是一个勇于担当、值得信赖的人。

总之，岗位责任如果不落在执行上，那它就会变成一纸空文，没有任何的意义。一个出色的员工，应该是一个自觉承担岗位责任、积极主动去做事的人。

空想百遍不如立即采取行动

对岗位有担当的员工，在工作上遇到问题时，从来不会拖延，更不会得过且过，他们只会努力地寻求解决之道，防止事情进一步恶化；而对岗位不够有担当的员工，其自身也缺乏足够的执行力，遇到问题总是置之不理，结果问题就像滚雪球一样越滚越大，最终发展到不可收拾的地步，让人追悔莫及。

不难发现，后者所犯的正是拖延症。所谓的拖延症，在心理学上的定义是这样的：自我调节失败，在能够预料后果有害的情况下，仍然把计划要做的事情往后推迟的一种行为。在职场上，有拖延症的员工比比皆是，归根结底，还是因为他们对工作缺乏必要的责任意识，在接到工作任务或是工作上遇到问题后，无法立即执行岗位责任。他们总是习惯将任务和问题一推再推，今天推明天，明天推后天，直到不能再推，才勉强逼迫自己去做，而最后的结果可想而知。对于每一位渴望在事业上获得成功的人来说，拖延症无疑最具破坏性，同时它也是最危险的恶习，它让我们在不知不觉之中丧失进取心。

那么，我们究竟该如何做才能克服拖延症呢？答案只有两个字——行动。没错，只要我们还愿意承担岗位责任，主动工作，那我们就必须用行动来破除拖延症的魔咒。而当我们开始着手做事时，我们就会惊奇地发现，自己的处境正在迅速改变。

一位农夫的农田里，多年以来一直横卧着一块大石头。这块石头碰断了农夫的好几把犁头，还弄坏了他的农耕机。农夫对此无可奈何，巨石成了他的一块心病。

有一天，在又一把犁头被碰断之后，农夫想起巨石给他带来的无尽麻烦，终于下决心弄走巨石，了结这块心病。于是，他找来撬棍伸进巨石底下，他惊讶地发现，稍稍使点劲儿，就可以把石头撬起来。

农夫脑海里闪过多年被巨石困扰的情景，再想到自己其实可以更早些把这桩头疼事处理掉时，不禁苦笑起来。

其实，在工作中，遇到问题就应该立刻弄清缘由，然后再想办法解决问题。要知道，做事拖拖拉拉或许能换取一时的安逸，但是从长远来看，这样做绝对是在浪费我们宝贵的时间和精力。就像故事中的农夫，很多事情并没有我们想象中那么困难，只要我们积极主动地执行岗位责任，就能在行动中找到最佳的解决办法。

美国前总统西奥多·罗斯福说过："做任何决策时，选择做对的事情是最棒的，选择做错的事情是次棒的，选择什么都不做是最糟的！"毫无疑问，拖延症患者就是选择什么都不做，对于那些属于自己的那份担当，他们始终都不愿意立即采取有效的行动，所以最后才会陷入无穷无尽的烦恼之中而无法自拔。

李畅琳大学毕业后进入一家公司工作，做事一向拖拉的她，在自己的第一份工作中栽了个大跟头。工作的第一天，公司领导就给她和另外一个新来的女生安排了一个任务，让她俩在网上搜集相关的资料，然后结合自己的想法，各自撰写一个活动的策划方案，要求在一个礼拜内完成。

李畅琳一听领导说"一个礼拜内完成"，心里顿时卸下了一个大包袱，她长吁一口气，决定先把这个策划放到一边，最后两天再来想办法完成它。当另外一个女生已经开始在网上搜集相关资料时，她还一边小口地喝着咖啡，一边悠闲地逛着淘宝网。

时间飞快地过去了，到了第七天，李畅琳还没开始工作，她心里感到非常焦虑，拖延了那么久，她每天其实过得并不开心，心里总是惦记着这个事儿，可就是不愿意开始行动。一个上午的时间，李畅琳才搜集了一点点资料，这一下，她彻底慌了，因为接下来的几个小时，根本不够她撰写活动策划方案。

怎么办呢？李畅琳只好病急乱投医，从网上抄一些别人的创意，加在自己的活动策划方案里，草草了事，随便应付下领导。

最后，领导采纳了另外一个女孩精心撰写的活动方案，并且决定让这个女孩担任这次活动的总监。而李畅琳呢，因为做事拖延，不仅错失了这次机会，还挨了领导的批评。

其实，在实际的工作中，像李畅琳这样做事拖延的人不胜枚举。他们总以为时间还有一大把，只要在规定的期限内把工作完成就行了，殊不知，要做好任何一项工作都不是简单的事，必须花费一定的时间和精力。所以，当期限将至，我们着手准备去完成那件工作时，我们才会发现，事情并不像我们所想的那般简单，再加上长期的拖延于无形中又消耗了我们不少的心力，最后我们上交给领导的只可能是一个不甚完美的结果。

说白了，做事拖延就是人的惰性在作怪，每当我们要付出行动时，我们总会想办法找一些借口来安慰自己，总想让自己过得轻松些、舒服些。然而，越是这个时候，我们越是要意识到自己所肩负的担当，勇敢地战胜惰性，积极主动地应对挑战，绝对不能深陷拖延的泥潭，白白蹉跎自己的光阴。

工作要在截止日期前完成

俗话说得好："今日事，今日毕。"不管我们做什么事情，都不能把今天要完成的事情推到明天，把明天要完成的事情推到后天。总之，只要是我们分内的工作，都必须在截止日期前完成，唯有如此，我们才不会养成做事拖沓的恶习，才不会耽误工作的顺利进行，才不会阻碍事业的进步。

在工作中，很多人有过这样的经历：在开始工作时会产生不高兴的情绪，所以总是不自觉地把某个期限内必须完成的工作一拖再拖，等到老板伸手找我们要工作结果时，我们却什么也拿不出来。

面对这种情况，老板最后到底会有什么反应，相信每个人都了然于胸。要知道，企业是以营利为目的的，老板花钱请我们工作，自然是希望我们能创造出大于我们所拿到的实际薪水的价值，再不济我们也不能让老板亏本。可如果我们不能在截止日期前完成自己的工作，那就等于让老板白花钱养懒汉，试问，又有哪一家公司的老板会对员工那么大方呢？退一步讲，就算老板愿意这么做，企业也没有那么多的闲粮让不干活的懒汉坐吃山空呀！

所以，我们要学会调试自己的心态，哪怕从事的是再艰难的工作，我们都要立即付诸行动，认真负责地去做。因为一旦我们开始行动，随着时间的流逝，我们离工作完成的日子只会越来越近，这个时候，我们的内心就再没有"必须要开始工作"的不愉快情绪了，相反，我们还会有一种前所未有的成就感。

有一次，约翰·丹尼斯和他的一位副手到公司各部门巡视工作。到达休斯敦一个区加油站的时候，已经是下午三点了，约翰·丹尼斯突然看见油价告示牌上公布的还是昨天的价格，很显然，加油站的工作人员并没有按照总部指令将油价下调5美分/加仑，这让约翰·丹尼斯十分恼火。

约翰·丹尼斯立即让助手找来了加油站的主管弗里奇。远远地望见这位主管，他就指着报价牌大声说道："弗里奇先生，你大概还熟睡在昨天的梦里吧！要知道，你的拖延已经给我们公司的声誉造成很大损失，因为我们收取的单价比我们公布的单价高出了5美分，我们的客户完全可以在休斯敦的很多场合贬损我们的管理水平，并使我们的公司被传为笑柄。"

意识到问题的严重性后，弗里奇先生连忙说道："是的，我立刻去办。"

看见告示牌上的油价得到更正以后，约翰·丹尼斯面带微笑地说："如果我告诉你，你腰间的皮带断了，而你却不立刻去更换它或者修理它，那么，当众出丑的只有你自己。这是与我们竞争财富排行榜第一把交椅的沃尔玛商店的信条，你应该要记住。"

工作要在截止日期前完成，这是我们每一个职场人都应该具备的最基本的职业操守。只有做到这一点，公司老板才能看到我们的执行能力，才会放心地将工作交给我们去做，而我们也才有机会向其证明我们的实力。

有人曾问一位法国政治家，"您是凭借什么使自己在政坛上获得巨大成功的同时，还能承担多项社会职务呢？"政治家答道："我从来不把今天要完成的工作推到明天，仅此而已。"由此可见，立即行动，绝不拖延，按时按质完成工作，是一个事业成功者必备的作风。

众所周知，在竞争激烈的现代职场，行动和速度是制胜的关键。面对工作，如果我们总是拖着不肯去行动，那最后根本完不成工作。很多人平庸一生，在某种程度上，就是因为他们做什么工作都喜欢拖延。可以想象，这样的习惯不仅会使人变得越来越懒惰，时间长了，还会破坏人整个的精神面貌，使之变得思维僵化、反应迟钝。

古语有云："流水不腐，户枢不蠹。"这句话的意思是，长流的水不发臭，常转的门轴不遭虫蛀。换句话说，一个人只有在工作岗位上进行活跃的思考，保持强烈的上进心和高昂的斗志，积极主动地执行任务，他才不会丧失自己宝贵的创造力和竞争力。

当然，也许有人会为自己的低执行力做如是辩解："我没有在截止日期前完成工作，是因为我做事谨慎。"拿谨慎当借口的人，往往没有搞清楚"谨慎"二字的含义，要知道，谨慎是对于将要的工作做好计划，而低执行力则是将应该在某个期限内完成的工作一而再再而三地往后拖。总之，工作的价值在于行动，雷厉风行或许容易出错，但这总比什么都不去做要强上许多。

👍 不掩饰，不辩解，主动担当

"责任到此，不能再推"，这是美国第33届总统杜鲁门的座右铭。这句话传达出一种勇于担当的工作态度，告诫每一位在职场工作的人，不要把宝贵的时间和精力浪费在如何推脱责任上。只要是我们的职责所在，问题必须到此为止，这才是一个高执行力的员工应有的职业素养。

在一家企业当中，如果每个人、每个部门都习惯性地推卸自己的责任，那么，将会给企业带来非常可怕的后果。

廖明和张鑫分别是一家中型科技公司的主管，廖明主管市场部，张鑫主管技术部。这家科技公司凭借着一项专利技术让公司的核心竞争力有了很大的提高，不光国内市场风生水起，最近一两年，公司还积极向国外市场进军，并且有了一些重大的收获。

不过，公司最近发生的一件事情却让总经理大为生气，因为他们公司损失了一笔数千万美元的订单。

公司的海外事务部最近反馈给公司一个重要消息：土耳其一家大型公司需要一大批器材，在斟酌了价格和技术之后，他们选择了我们的公司，这个订单非常大，超过我们过去一年在海外市场的订单总额。

面对这样突如其来的好事，公司各部门开始协同运作。首先，市场部主管廖明带队，与技术部主管张鑫一起奔赴土耳其展开洽谈。事情原本进展非常顺利，但一个小小的插曲却让这次合作成为泡影。

在这家位于伊斯坦布尔的公司总部里，双方正在会议桌上洽谈。当对方问及如果"设备安装、维修等具体售后服务由我们自己解决，你们在价格上可以给出多大的优惠"时，廖明和张鑫顿时就懵了。因为他们俩都没有准备这样的"功课"，廖明以为这是技术部的事情，而技术部认为市场部早就了解各方面的价格，对此应该有所准备。

两人你推我，我推你，最后都没能回答这个问题，只是说："等我们向公司咨询后，再回答你们的问题。"而客户对他们的态度非常不满，直接撂下一句："你们公司看来都没有准备好这次合作，如果是这样，那我们就要重新考量双方的合作了。"

就这样一件小事，让这次合作成了泡影。

回国之后，两人又开始在总经理面前互相推诿责任。压抑着怒火的总经理说出了这样一句话："我们公司的制度你们也清楚，在洽谈合作方面，市场部和技术部要协同合作，这件事情你们都有责任。客户提出的要求的确出乎意料，但你们的反应也出乎我的意料。如果你们仅仅是没有做足功课，面对这种突发状况还情有可原，但你们那种互相推诿责任的态度居然也让客户看到了。你们俩应该要反思！具体的惩罚稍后我会告诉你们，我现在可以明确告诉你，公司对这种不负责任、不能担当的态度向来是零容忍的，所以，你们自求多福吧！"总经理的一番话，让两位主管无言以对。

诚然，在这个世界上，有很多事情我们无法掌控，但我们至少可以掌控自己的行为，并对自己的一切行为负起全部的责任。尤其在工作中，当我们犯下错误时，不应该将责任推到别人的身上，竭力掩饰自己的过失，而是要让问题止于自己，然后积极主动地去寻求解决办法。

要知道，一个具有担当精神的人遇到任何问题，首先想"我应该怎么做"，而不是"他应该如何做"。不要再问"谁应该为此事负责""他为什么要让这件事情发生呢"这样的问题，而是首先要问"我要怎么做才能解决问题"，或是"我如何才能比别人做得更好"。

一家食品公司的厂房地势较低，一年夏天，老板出差去了，走之前，他叮嘱几位主要负责人："时刻注意天气变化。"

一天晚上，老板给几位负责人打电话，因为他看天气预报说有雨，担心厂房被淹。老板一连打了几个电话都打不通，最后，老板把电话打到了财务经理的家里，让他立即到公司查看一下。

"嗯，马上处理！"但是，接完电话，财务经理并没有到公司去。他心里想："这是安全部的事，不该我这个财务经理管，何况家离公司很远，去一趟也费事。"于是，他给安全部经理打了电话，提醒对方去公司看一下。

安全部经理接到电话时有些不愉快，心想："我安全部的事情，不需要你来管，反正有安全科长在，我不用担心。"于是，他也没有去公司，连电话也没打一个，安全科长没有接到电话，但他知道下雨了，并且清楚下雨意味着什么，但他心想："有好几个保安在厂里，用不着我操心。"于是，他把手机关了。

保安的确在厂里，但用于防洪抽水的几台抽水机没有油了，他们打电话给安全科长。科长的电话关机，他们便没有再打电话，也没有采取其他措施。值班的保安在值班室里睡得很沉，以为雨不会下得很大。

凌晨，雨突然大了起来，当值班保安被雷雨声吵醒时，水已经漫到床边！他立即给消防队打电话。

消防队虽然来得及时，但由于通知太晚，大部分生产车间被雨水淹没了，数十吨材料泡在水中，直接经济损失达数百万元！

事后，每一个人都说自己没有责任。

财务经理说："这不是我的责任，因为我通知安全部经理了。"

安全部经理说："这是安全科长的责任。"

安全科长说："保安不该睡觉。"

保安说："本来可以不发生这样的险情，但抽水机没有油了，是行政部的责任，他们没有及时买回油。"

行政部经理说："这个月费用预算超支了，我没办法，应该追究财务部责任，他们把预算定得太死。"

财务经理又说："控制开支是我们的职责，我们何罪之有？"

老板听了，火冒三丈："你们每个人都没有责任，那就是老天爷的责任了！我并不是要你们赔偿损失，我要的是你们的态度，要的是你们对这件事情的反思，要的是不再发生同样的灾难，可你们只会推卸责任！"

在实际的工作中，很多人有一种隐隐的担心："如果我把许多事情的责任包揽下来，我能得到多少的回报呢？我是不是吃了亏？"毫无疑问，这种担心是一剂毒药，它让人纠缠在眼前的一点蝇头小利里，从而丧失了最为重要的担当精神。就拿上文的故事来说吧，所有的员工自始至终都是一副"事不关己，高高挂起"的嘴脸，生怕自己多做了一点事情。从表面上看，他们确实免于一场奔波，但实际上他们失去了领导的信任，错过了一次能让自己飞速成长的机会。

虽说在一家企业里，我们不能奢求每一位员工都富有担当精神，都具备超强的执行力，但是我们必须看到，一个能勇于担当且高效执行的人，必然能拥有强大的号召力，进而获得大家的拥戴。

总之，主动承担更多的责任是成功者必备的素质。在大多数的情况下，即便我们没有被告知要对某项工作负起责任，我们也应该拿出"职责所在，问题到此为止"的积极态度，高效地去执行岗位责任。毕竟只有这样的员工，才是最值得企业管理者去用心栽培的人才。

凡事都可以做得更出色

有这样两个秘书，老板安排他们买车票。一位秘书将买来的车票，就那么一大把地交上去，杂乱无章，易丢失，不易查清时刻；另一位却将车票装进一个大信封，并且在信封上写明列车车次、座位及启程、到达时刻。同样的事，后面这位秘书却能多注意到了细节，虽然只是在信封上写了几个字，但却使别人省了很多事。如果你是老板，你会更加欣赏哪一位秘书？

答案可想而知。

富兰克林人寿保险公司总经理贝克说："我奉劝你们员工永不满足。这个不满足的含义就是永不止步，就是积极进取。这个不满足在世界的历史上已经导致了很多真正的进步和改革。我希望你们绝不要满足。我希望你们永远迫切地感到不仅需要进步和改革。我希望你们绝不要满足。我希望你们永远迫切地感到不仅需要改进和提高你们自己,而且需要改进和提高你们周围的世界。"

李开复在攻读博士学位的时候,将语音识别系统的识别率从过去的40%提高到了80%,学术界对他刮目相看。在当时,他的导师觉得,只要将已有的成果整理好,他就可以顺利拿到学位了。然而,李开复并不是这么想的。他的心里非常清楚,第一步的成功一定会让他获得更好的机会,因此,他觉得他所得到的80%的识别率虽然已经非常优秀了,但却并不是最佳结果。

因此,李开复没有放松,他反而更加抓紧时间研究了,为了研究,他甚至还推迟了论文答辩时间。在当时,他每天的工作时间大约是16个小时。这些努力果然得到了收获,李开复的语音识别系统的识别率从80%提高到了96%。在李开复取得博士学位后,这个系统仍然多年蝉联全美语音识别系统冠军。

试想,假如李开复当时满足于自己获得的那一点成就的话,那么他后来还能够做出后来的高识别率的系统来吗?

因此,每一位工作者,请不要满足于目前的工作表现,你需要做得更好。只有这样,你才可以成为企业中不可或缺的人物。在工作中,我们一定要有这样的原则,那就是我们"要做就做得更好,否则就不做"。实际上,这和"能完成100%,就绝不只做99%"是一样的道理。

每一个老板都希望得到优秀的员工,而一个员工的工作态度恰恰可以体现出这个员工是不是优秀。老板从员工的平时表现能够看出员工的工作态度，看出哪个人是优秀的员工，哪个人值得委以重任。因此，在工作之中，我们都应该拥有一个"要做就做得更好，否则就不去做"的心态，不管对于什么样的工作，都应该勇于担当。

工作中的任何事，只要努力、用心去做都可以做得更好。我们中有很多人，在对待工作时，总是觉得做了就行了，却不愿意多花一点心思去想，我要怎么样才能将这件事做得更好、更到位？在同一个岗位，每个员工的能力其实相差并不悬殊。可同一件工作，有人能把它做得非常到位，近乎完美；而有的则只是基本合格，重点就在于是否全力以赴，尽自己最大的努力去做到最好。

刚进入企业时，叶婷只是一个普通的勤杂工，做的是琐碎的工作：打扫卫生、清理垃圾、递交文件等。虽然工作琐碎辛苦，但叶婷从来没有怨言，总是尽职尽责地做好每件事。她唯一的交通工具是一辆自行车，不管目的地在哪里，不管晴天还是雨天，连续五年，她都从没迟到或早退，一直保持上班全勤。

工作努力，乐于助人的叶婷，年年都被企业评为优秀员工。她自动放弃每两周一次的周六休假，也从未要过加班费。叶婷所到之处，你不会看到地上有一片纸屑、一个烟头，不会看到不该亮的灯、滴水的水龙头。她似乎比企业领导还要珍惜和爱护企业，在工作中也力求什么都做到最好。她的这种工作境界，赢得了所有同事的尊重。

当那些拥有高学历、高职位的员工在抱怨工作不顺时，叶婷依然认真地做事，任劳任怨，自得其乐。很快，在众人的羡慕中，叶婷被破格提升为企业的总务部主任，进入了管理阶层。

当一个员工在工作中，无论做什么事都尽自己最大努力去做，还有什么事不能做好呢？企业中不差会做事的人，但是如果每个员工都能严格要求自己，凡事都尽力做到最好，这样的员工再多企业不会嫌多。

工作中，只有那些不能满足于现在的成绩和地位，不断超越，不断地在工作中追求卓越的人，才会要求工作精益求精、不断进步，这也是一个企业主人该有的工作作风。一个企业要想做大、做强，就要不停地超越，超越他人，更要超越自己。任何一名员工，只要以企业的主人对待工作，愿意为企业的利益着想，对自己的所作所为负起责任，就能持续不断地寻找解决问题的方法，把工作做得更好，更到位。

没有最出色，只有更出色。让产品更好，让服务更细致周到是每位员工义不容辞的责任。当你以追求卓越的心态去做事情的时候，你知道什么是自己应该去做的，并且知道怎么样做才能做到更好。

执行到位是关键

不管你执行任何什么工作，一定要将事情做到位。将事情做到位也是执行工作的最高境界。做到了这点，就能大大提升自己的执行效率。

在工作中，你可能感觉自己做的事情与别人差不多，做得差不多就已经够了。但是，你的上司一定对你的表现心中有数，你会因此而失去升职的机会。

很多人之所以做事做得不到位，往往是因为他们会完成事情的80%，而忽略了剩下的20%，可恰恰是这最后的20%是关键的关键。它之所以关键，是因为正是要完成这最后的20%，你的成果才会显现出来，少一点都不可以。

什么事情，都要做到位。工作做到位，是工作严谨的体现，也是一种有能力的表现。对自己的工作不要敷衍，要认真去做，并尽自己最大的努力把它做好。在工作中，增加自己的执行能力，不但能让我们在职场收获信任，还能增加我们的机遇。

谭兴椿是一个在招待所工作的服务员，因为是下岗后再次就业，所以十分珍惜这份来之不易的工作。

一天，一位客人叫住她，要她帮忙买一块香皂上来。她不由得紧张起来，还以为是自己粗心疏忽了，忘记了给客人配发一次性香皂。

她急忙向客人道歉，并表示自己马上帮客人把一次性香皂配好。

客人告诉她，现在招待所里用的是小香皂，不过他不喜欢使用小香皂。因为一次性的小香皂个头小，质量差，还不方便拿在手里。

听客人这么一讲，她便出去为客人买回了大香皂。

第二天，这位客人走了，她收拾屋子时发现那块大香皂只用了一点点。宾馆里配置的小香皂却没有用过。于是，她灵机一动，心想："小香皂太小，不方便使用；大香皂太大，使用不了浪费太严重。如果我能做一种环形的大香皂，中心是空的，这样既能减少浪费，又能提高利润。"

有了这样的想法，她马上进行了市场调研。在服务行业，一次性香皂消费市场潜力巨大，一般的酒店宾馆一天就要消耗上百块。这是多么大的一次机遇啊！此时，她感觉，上天给了她一次巨大的机遇。

经过不懈的努力，谭兴椿的空心香皂获得专利证书，并研制成功投入生产。后来，她的空心香皂受到了广泛好评。

在做事情的时候，由于思考得多了一点，执行上更到位一些，结果，自己为自己寻求到了出路。我们在职场上也要如此，有时候，一个好的方法，一个好的点子，就能够让工作效率大大提升。

因此，到位的执行工作，能让一个人发现许多商机。

只管做事，不管好坏，这在任何一家公司都是不允许的。要想做大事做成事，最先要做到的，就是要有一个明确的目标，能够按照目标，一丝不苟地把事情做到底。

职场上，许多大事情，许多关键的事情，都是由许多细小的事情和许多琐碎的事情堆积而成，没有小事的累积，也就成就不了大事。把小事做到位，大事自然就做好了。在职场中拼搏的人们，一定要将"把事情做到位"当成自己的一种习惯，当成自己的一种生活态度。如果能够这样，我们就能够与成功同行，与优秀同在。

每个人都有自己的工作职责，每个人都有自己的工作标准。社会上由于你所在的位置不同，职责也有所差异。但是，不同的位置对每个人都有一个最起码的做事要求，那就是做事做到位。做事情做到位是每个员工最基本的工作标准，也是一个人做人的最基本的要求。只有把事情做到位了，你才能提高自己的工作效率，才能因此而获得更多的发展机会。

各行各业，都需要那些能够把事情做到位的员工。如果你能够尽自己最大的努力，尽力去完成你应该做的事情，那么总有一天，你能够随心所欲从事自己想要做的事情。反之，如果你每一天不管做什么事情都得过且过，从来不肯尽力把自己的本职工作做好，那么你将永远无法达到成功的巅峰，永远在失败的低谷徘徊。

工作中不乏这样的事情，行动方案不错，具体行动也有人去执行。但执行的结果是劳而无功，这其中的原因主要是落实者没有真正领会方案制订者的意图，没有体会到真正的方案的精神，而只是形式上机械地去落实，结果是，辛辛苦苦，却无功而返。

有个人去旅游。在一条马路边上，他看到了一个奇怪的现象。

一个工人拿着铲子在路边挖坑，每三米挖一个。他干得很认真，坑也挖得很工整。另一个工人却跟在他的后面，把他刚挖好的坑立刻回填起来。

这个人觉得奇怪，便问那个挖坑的工人："为什么你们一个挖坑，另一个马上把坑给填起来呢？"

那个挖坑的工人回答道："我们是在绿化道路。根据规定，我负责挖坑，第二个人负责种树，第三个人负责填土。不过，今天第二个人请假没来。"

这是一个幽默的故事。这个幽默的故事可以给我们这样的启示：机械地执行，其后果不亚于不执行。

完美的决策，不等于完美的执行，没有完美的执行，就不会有完美的结果。很多时候，我们有了好的决策，也去执行了，但结果却不尽如人意，原因就在于执行了却没有执行到位，执行了却没有执行彻底。

小方是个在校大学生，暑假期间在一家咨询公司做兼职，从事市场调研员的工作。通过培训，公司向他传达了为调研员制定好的详细调研模式，规定了调研路线、方法、内容以及相关的细节问题，其中两项就是：每张调查表的最少调查时间，每天的调查表完成的数量。

小方热情高涨地去进行市场调查了，但和他所预计的完全不一样。人们并不愿意接受他的调查，更不愿意填写调查表。不要说满足最少的调研时间了，很多时候刚刚敲开门，人家一听是搞市场调查的，就砰的一声关上了门。

一个上午，小方仅仅完成了几张调查表，距离公司的要求还差很多，怎么办？完不成任务的话，没有钱拿事小，不能被人笑话自己这个大学生还不如别人。他想到了一个"高明"的办法，找了个小冷饮店，自己开始"认真"地填写调查表。到最后交调查表的时候，小方的调查表是数量最多、数据最完整的，领导还表扬他明天继续努力。

但第二天公司领导找他谈话了。原来公司有很完善的数据真实性检验模式，通过检验，公司已经发现了小方的作假行为。

只要是工作，就要用自己的全部精力，把它做到最完美。不能差不多就行了，像有些人一样，看似一天到晚都在忙碌，似乎有做不完的事，但是却忙碌而无效。

只有有效地执行，才能真正把事情做好。只有完美地执行，才能把事情做到位，做彻底，才能有一个完美的结果。只有抓好执行，才能把任务变成行动，才能把美好蓝图变成现实。

第四章

做最有团队精神的员工

任何时候都需要团队精神

我们在工作中一定要懂得奉献、乐于奉献，只有这样，我们的团队才能变得越来越强大，我们才能享有更好的生活。对于我们每一个人来说，在工作中不断奉献，是我们获得成长的最佳途径。相反，离开了奉献，离开了付出，我们也就彻底离开了团队，而离开了团队，我们就算自身能力再强，也什么都不是！

研究表明，一个人的成功，85% 是建立在积极工作的基础上的，还有15% 是建立在个人的智力和他所掌握的信息的基础上。由此可见，在团队中，我们要努力培养积极工作的习惯，毕竟这是我们快速融入团队的最佳资本。

积极工作不仅是对自己的要求，也是企业发展的必然要求，尤其是在市场竞争日益激烈的今天，任何一个团队，要想在激烈的竞争中站稳、做大，都需要团队成员的积极工作。而作为个人，要想在团队中谋生存、求发展，就要培养自己积极工作的习惯，赢得团队的信赖。

在团队生活中，一个人的力量是十分有限的。即使一个人没有一流的能力，但是只要有积极工作、积极做事的习惯，也同样会赢得人们的尊重。假如你只拥有超强的工作能力，而没有积极工作的习惯，那么你的个人能力也会因为你缺乏良好的工作习惯而受到抑制，从而无法获得领导的赏识和同事的认可，久而久之就会对自己的工作造成巨大的影响。

所以，我们要想在职场上获得更多的信赖和赏识，就要在工作中培养积极工作的习惯。对待自己的工作要满怀热情，不等不靠、尽职尽责把工作做到位，力求精益求精，这样你才能获得更多的发展机会和回报，并且与团队一起成长。

作为团队中的一员，在做好自己分内工作的同时，还主动做一些对团队发展有利的事情，这样的员工，无论在哪个公司都会受到重用。

当然，在职场工作，我们最主要的还是要圆满完成领导交给我们的任务，只有这样，我们才能得到领导的认可，才具备了在这个单位、这个岗位生存下去的机会，才有可能实现自己的价值。否则，一切都免谈。然而抛开这些，让领导满意，赢得团队信赖的途径还有很多，其中尤为重要的当属工作积极主动了。要知道，企业之所以支付我们薪水，是希望我们能积极主动地做好工作，为企业创造出巨大的价值和效益，如果我们总是消极懒散，做事不上心，那势必会让团队成员对我们心生不满和厌恶。

总之，一个优秀的员工所表现出来的主动性，不仅体现在其能坚持自己的想法，做好手头的工作，还体现在其可以主动承担自己工作以外的责任。

小李应聘到一家进口公司工作后，晋升速度很快，没过多久就坐到了办公室主任的位子，这让周围所有人都惊讶不已。一天，小李的一位知心好友怀着强烈的好奇心询问他这个问题，希望能学习到一些成功的秘诀。

小李听后无所谓地耸了耸肩，用非常简短的话答道："这个嘛，很简单。当我刚去公司工作时，就发现，每天下班后，所有人都回家了，可是董事长依然留在办公室工作，一直待到很晚。于是，我下决心，下班后不回家，待在办公室。虽然没有人要我留下来，但我认为我应该这么做，因为这是一个积极的员工应该做的。如果需要，我可以为董事长提供任何他所需要的帮助。就这样，时间久了，董事长也养成了有事叫我的习惯，我也就有了被重用的机会。"

我们不禁要问，小李这样做是为了薪水吗？当然不是。事实上，他确实没有获得一点物质上的奖赏，但是由于他的付出，他得到了老板的赏识和升职的机会，自然也为以后的事业打下了基础。

从这个故事中，我们不难看出，小李成功的背后，积极主动工作的意识起到了决定性的作用。所以，要想取得非凡的成就，我们就必须培养自己积极主动工作的意识。只有这样，我们才能养成积极主动工作的良好习惯，并在该习惯的引领下，做好自己分内分外的工作，进而赢得团队的信赖，更好地融入团队中去，最后与团队一起成长，一起成就一番骄人的事业。

我们都知道，一个人积极主动工作的自我意识主要是在现实生活中慢慢养成的。如果我们总是被偷懒、拖延、消极等坏毛病纠缠住，那时间一长，势必会影响到我们积极主动工作的自我意识的形成。所以，在平时的工作和生活中，我们一定要坚决地和这些坏毛病划清界限，唯有如此，我们才能成为一名优秀的团队成员。

总之，我们要自动自发地做事，同时为自己的所作所为承担责任。要知道，那些成就大业之人和凡事得过且过的人之间最根本的区别就在于，前者懂得积极主动地工作，并为自己的行为负责，而后者则刚好相反，一方面，他们总是消极懒惰地对待工作，另一方面，当他们在工作中遇到困难的时候，通常都会选择逃避，有多远躲多远。其实，他们根本就没有意识到，一个人主动担当重任，并为企业的发展承担风险，表面上看起来似乎是一件苦差事，但实际上是在为自己赢得发展的机遇。

综上所述，我们每一个人都要积极主动地工作，然后凭借着自己这份超强的责任心去赢得团队的信赖，从而更好地融入团队中去，赢得更多的发展机遇，一步一步迈向成功的大门。

培养团队协作精神

如果把团队的建设比喻成柴火，那奉献就是干柴，我们只有不停地往火堆里添加干柴，柴火才能源源不断地燃烧下去。在竞争激烈的职场中，但凡成功的人，往往都是懂得奉献、乐于奉献的人。他们的奉献精神犹如一种竞争力，最后帮助他们一路披荆斩棘，成就一番辉煌的事业。

有这样一段话："如果你是一滴水，你是否滋润了一寸土地？如果你是一线阳光，你是否照亮了一分黑暗？如果你是一颗粮食，你是否哺育了有用的生命？如果你是一颗最小的螺丝钉，你是否永远守在你的岗位上？"可以看到，这段话说的正是奉献精神，其实，不管我们从事什么工作，我们若想为所在的团队贡献出自己的一分力量，我们就必须先培养自己的奉献精神。

众所周知，奉献是一种无私忘我的精神，它包括敬业、乐业和勤业，敬业实际上是奉献的基础，乐业是奉献的前提，而勤业则是奉献的根本。奉献精神不仅是我们国家非常宝贵的财富，同时它也是整个世界的财富。对于一名员工而言，我们只有在工作中培养奉献精神，不断地为团队劳心出力，我们才能真正成为团队的一员，从而获得团队的认可和赞赏。

乐于奉献是一个古老的话题，随着时代的变迁，人们不断赋予它新的内涵。要知道，乐于奉献是推动人类社会进步的重要精神财富，也是社会对从业人员最基本的职业道德要求。

工作中，很多人都抱怨自己付出得太多，却得不到应有的回报。

其实我们应该相信这个世界的法则，那就是每个人的付出和奉献都不会白白浪费。可能我们的付出和奉献没有立即得到回报，但是我们要相信，未来总有一天，我们会获得应有的回报。所以，在平时的工作中，我们应该多奉献一些，未来也就会多一份回报。

在一个又冷又黑的夜晚，一位老人的汽车在郊区的道路上抛锚了。她等了半个多小时，好不容易有一辆车经过，开车的男子见此情况二话没说便下车帮忙。

几分钟后，车修好了，老人问他要多少钱，那位男子回答说："我这么做只是为了助人为乐。"但老人坚持要付些钱作为报酬。中年男子谢绝了她的好意，并说："我感谢您的深情厚谊，但我想还有更多的人比我更需要钱，您不妨把钱给那些比我更需要的人。"最后，他们各自上路了。

随后，老人来到一家咖啡馆，一位身怀六甲的女招待员即刻为她送上一杯热咖啡，并问："夫人，欢迎光临本店，您为什么这么晚还在赶路呢？"于是老人就讲了刚才遇到的事，女招待听后感慨道："这样的好人现在真难得，您真幸运碰到这样的好人。"老人问她怎么工作到这么晚，女招待员说为了迎接孩子的出世而需要第二份工作的薪水。老人听后执意要女招待员收下200美元小费。女招待员惊呼不能收下这么一大笔小费。老人回答说："你比我更需要它。"

女招待员回到家，把这件事告诉了她的丈夫，她丈夫大感诧异，世界上竟有这么巧的事情。原来她丈夫就是那个好心的修车人。

通过这个故事，我们能明白一个道理，那就是种瓜得瓜，种豆得豆。我们在"播种"的同时，也种下了自己的将来，你做的一切都会在将来的某一天、某一时间、某一地点，以某一方式在你最需要它的时候回报给你。

其实，行走职场也是这么一个道理。我们每天不停地努力工作，为企业奉献自己的青春和汗水，或许我们工作的报酬没有很快地提高，但只要我们继续努力工作，继续奉献付出，那日后老板一定会对我们刮目相看，从而许我们一个升职又加薪的美好未来。到时候，我们的努力奉献一定会得到相应的报酬。

总之，我们今天像牛一样工作，明天就会像凤凰一样高飞，我们一定要有这样的信念。此外，我们还应该看到，今天我们辛勤的工作不仅拿到了丰厚的薪水，同时还提升了自己的工作能力，磨炼了自己的个性，收获了丰富的工作经验。所以，我们需要的仅仅是时间，时间将会向我们证明一切。

当一个员工努力做到"爱岗敬业，爱企如家"时，实际上这就是对其所在的团队的最好奉献了。我们都知道，"家"是我们精神的支点与动力，家也是我们成长的归宿。然而，有的时候我们只去照顾"小家"了，竟然忘记了去照顾"大家"。"大家"是什么，实际上我们现在所在的企业也是一个"大家"。总之，企业是个大团队，需要我们每一个人都去为之奉献！

父辈经常教育我们："干一行，爱一行。"如果我们不喜欢自己所从事的工作，那也应该竭尽全力，让自己慢慢喜欢上这份工作，否则我们迟早会被辞退。即使不会被辞退，我们也会因此浪费自己美好的青春。要知道，在自己所在的岗位上恪尽职守、爱岗敬业、持之以恒、埋头苦干，这些都是我们应尽的责任，也是我们奉献精神的最佳体现。从一个人的奉献精神中，我们可以看出其对待工作的态度，是不是足够尽心尽力，是不是足够勤奋，是不是足够努力。我们每个人都要明白，当我们在工作中不断奉献，不断付出时，我们终将创造出属于自己的成就。

可见，没有奉献和付出，就没有回报，换句话说，丰厚的收获都下是来自于辛勤的耕耘。假如麦粒没有播入土壤，那么它们必然会死亡。如果你没有将你的财富种子完全地奉献出来，那么你也就不会有好的收成。

只有知道如何去为他人提供服务，去找到你的价值，那么你才可以得到自己需要的一切。

有一天，宝马汽车公司的一位员工在一家宾馆里休息，他看到宾馆门口放着一辆宝马车。然而，这辆车非常脏，于是，这位员工毫不犹豫地走过去，将其擦洗干净。

没想到，这位员工的做法不仅让宝马车的车主非常感动，而且还获得了宝马公司的高度评价。因为这辆停在门口光洁闪亮、高贵典雅的宝马车，实际上也就是一个活体广告，会让人们对宝马车有一个很好的印象。

一年后，这位员工凭借着自己的奉献精神，一步一步从基层走到了管理层，最后实现了其人生的一次重大飞跃。

其实，这位宝马汽车公司的员工，他之所以那么做，根本就没有受到领导的指派，完全是因为他自己乐于奉献，渴望在奉献中成长。而老天也终究没有薄待他，最终让他取得了巨大的进步，实现了自己的梦想。

很多人认为，企业是员工实现自己梦想的平台。其实，光有这个平台是远远不够的，如果员工不肯在工作中不断奉献和付出，这个平台再大再好也是枉然。所以，我们若想让自己变得更加强大，那就必须学会奉献，学会付出，然后在奉献中茁壮成长。

职场是一个极为讲究奉献和付出的地方，我们要想获得成功，得到回报，就必须乐于奉献，甘愿为团队劳心出力，勤勤恳恳地工作，持续不断地奉献。或许在短时间内，老板和同事并没有看到我们的默默奉献，但只要我们长期这样工作下去，那他们早晚会看到我们的付出和成绩，从而给予我们应得的回报。而那些喜欢在工作中偷奸耍滑的人，虽然他们不可能每次都被领导抓个正着，但只要被抓到一次，那他们就很有可能被炒鱿鱼。

一个有着奉献精神的员工不仅会将自己分内的工作做好，还会尽其所能地为企业做些他能够完成的任务。可以毫不夸张地说一句，具备奉献精神的员工，向来都专注于工作，努力地将自己全部的能力贡献给企业。

有人认为，在工作中奉献是一件非常吃亏的事情，在他们看来，一个人想要在职场上立足就很不容易了，为什么要花费时间和精力去做一些无谓的奉献呢？毫无疑问，这种想法是不对的，因为一个在工作中乐于奉献的人通常都要比那些不愿吃亏、锱铢必较的人更能获得更多的好处。他们在甘愿为团队劳心出力的过程中，不断地成长，不断地进步，并总能领先其他人一步取得成功。

我们行走职场，一定要懂得奉献，乐于奉献，多为团队做些力所能及的事情，如果有团队成员遇到困难，我们务必及时伸出援助的双手。要知道，团队是一个大家庭，我们每一个人都是大家庭中的一员，只有当大家庭好，大家庭的每一个成员都好时我们才可能真正地好。而这一切的实现，都需要依赖我们的不断奉献。

学会与别人合作

在快速发展的现代企业中，传统意义上的单打独斗已经不合时宜，团队配合已经成为必然。因为个人的力量总是有限的，与人联合可以壮大自己。企业的命运和利益也就是每个员工的命运和利益，没有哪一个员工可以让自己的利益与企业脱节。个人要想获得更大利益，只有让企业获得更大的利益。每个员工都应该具备团队精神，融入团队，把整个团队的荣辱同自己联系起来，在尽自己本职的同时做好和团队其他成员的协同合作，借助团队的力量让你更加出色地完成工作！

比尔·盖茨说过："大成功靠团队，小成功靠个人。"这句话说出了现在的社会现状。在实际的工作中，一个人如果想要取得大的成功，只靠自己的力量是很难实现的。毕竟这是一个合作制胜的年代，因此，我们只有融入团队中去，学会与团队其他成员进行有效的合作，我们才能很快地成长起来，才可以获得大的成功。

那么，何谓团队合作呢？首先，我们要了解什么是合作。合作实际上就是个人与个人、个人与群体或者群体与群体，为了达到共同目的，彼此相互配合和协作的一种联合行动、方式。

而团队合作指的是一群有能力，有信念的人在特定的团队中，为了一个共同的目标相互支持合作奋斗的过程。它可以调动团队成员的所有资源和才智，并且会自动地驱除所有不和谐和不公正现象，同时会给予那些诚心、大公无私的奉献者适当的回报。如果团队合作是出于自觉自愿时，它必将会产生一股强大而且持久的力量。明白了这一点，我们也就不难理解为何一个团队可以完成一项较为艰巨的任务，而一个人则不能。很多人有所不知的是，团队合作还能够让成员们的能力有所提升， 这对于创造团队融洽的工作氛围和加深团队成员间的友情都是大有裨益的。

一个人的力量是有限的，如果我们想要获得成功，仅仅依靠个人的力量是远远不够的，我们要迅速融入团队当中，和团队成员一起努力奋斗。

拿破仑带领军队驰骋欧洲战场，所向披靡。然而，他在攻克马木留克城的时候却惨遭失败。原因就是，马木留克兵高大威猛，身体强壮、武艺超人。而体格一般的法国士兵在体能上就输给了马木留克兵，他们根本无法和马木留克兵相提并论，所以，最后拿破仑的军队没有获得胜利，反而遭受到了巨大的损失。

然而，拿破仑争强好胜，他并不甘心就这么失败，于是他开始研究马木留克兵，希望找到他们的短处，以求克敌制胜。后来，拿破仑通过细心观察发现，马木留克兵的单兵作战能力很强，如果说进行一对一地单打，法国士兵必然会吃亏。但马木留克兵的联合作战能力非常差，如果说两个法国士兵相互配合，那打败一个马木留克兵一点问题也没有，同理，一群法国士兵更能打败一群马木留克兵。

了解到这些后，拿破仑开始改变先前的攻打战略，他让法国士兵尽量避免单独作战，而是开展团队作战，最后他的军队赢得了胜利。

通过这个故事，我们不难发现，虽然马木留克兵身体强壮，但是他们的个人主义思想太重，又不懂得团队合作，没有团队意识，因此就不能够发挥团队合作的力量。相反，法国士兵的团队意识很强，他们通过自己的合作，靠团队合作的力量取得了胜利。

在工作中，个人的力量是有限的，只有团队合作才能铸就强大的力量，从而获得成功。如今社会讲究团队合作，因此，我们只有学会团队合作才能做出一番事业。一个企业若是缺乏团队合作意识，那就会如一盘散沙，缺乏战斗力，就不能在激烈的竞争中生存下去。而一个人如果缺乏与团队成员合作的意识，那么他就不懂在团队中借力使力，就会给自己目标的实现带来不可想象的困难，最终使自己无法完成任务。

所以，不管我们从事什么样的职业，身处什么样的环境，我们都应该努力融入一个团队中去，与团队成员开展有效的合作。

在这个社会，不管做什么事情，如果会凭一己之力，而不依靠团队的力量，必然会失败。现代社会竞争非常激烈，如果所有人都懂得用大家的能力和知识共同完成一项工作或解决一个难题，那么社会也就会进步，会发展。

总之，一个人如果没有团队协作意识，那么就算他个人能力再强，再优秀，他也很难实现自己的梦想。现在的社会，是一个急需合作意识和合作精神的社会。作为企业的一分子，我们要让自己融入团队中去，通过团队的力量来解决棘手的工作。要知道，只有学会团队合作，我们才能迎来事业上的春天。

一个人再有本事，他的能力也是有限的，如果希望在工作中做出成绩，成为优秀员工，那么就必须要学会与人合作，获得大家的支持和帮助。毕竟站在巨人肩上才能看得更远，我们只有借助团队的力量才更容易做出成绩。唯有团队合作，才能带领我们走向成功。

众所周知，每一个人都想成为一名卓越的员工，都想在事业上做出一番成就，而此时，唯有借助团队合作，我们才能从职场中脱颖而出，轻松获胜。可以毫不夸张地说一句，团队合作是让我们在职场胜出的一项重要资本。离开了团队合作，我们什么都不是，我们什么成就都无法取得！我们的梦想更是无从实现。

李颖在一家汽车销售公司做业务员。他的销售技能和业务关系都非常好，在公司的业绩榜上，他经常名列前茅。然而，遗憾的是，李颖在取得一定的成绩后，就开始有些目中无人了，他不仅对客服人员非常无礼粗暴，还经常对他们的工作指手画脚。

原本这些客服人员对于李颖的工作是非常支持的，只要是他的客户打来的电话，他们都会马上对其进行售后服务。可是李颖却经常说："你们的饭碗是我给你们的，没有我，你们都要饿死了！"说这些话的时候，他还会附带着批评客服人员的服务没有做好。

客服人员忌惮他的职位，因此对他不敢进行正面的反抗，于是，他们就通过行动与他对抗。后来，只要是李颖的客户打来的电话，客服人员就不理不睬，而且一拖再拖。

无奈之下，这些客户只好打电话给李颖，怒气冲冲地向其投诉。因为客户的售后服务无法跟上，这直接导致李颖的续单率持续降低，就这样，新客户没有开发到不说，就连原来的老客户也都流失了。

最后，遭受客服人员排挤且业绩不佳的李颖，只好选择卷铺盖走人，离开了这家曾成就他一番事业的公司。

从上面的例子我们可以看出，一个人离开了团队，就算他再有能力，最后也必然会失败。总之，我们要想把工作做好，取得一番成就，必要的团队合作是不可忽视的。

如果我们在工作中，能够注重团队合作，培养自己的团队意识和团队精神，那我们定能依靠团队的力量成就自己。

当我们认识到团队合作的力量时，我们就会明白，是团队合作哺育了我们，是团队合作让我们变得更加强大，是团队合作让我们迅速成长，是团队合作成就了我们自己！

团队合作能成就个人，这是职场不变的真理。我们每个人都要牢牢记住这句话，并在以后的工作中不断提醒自己，不当独行侠，不走个人路。唯有如此，我们才能在团队中走得更远，更顺利。

现如今，所有企业都在追求团队合作，因为仅凭个人单打独斗是很难闯出一片天的。这个时候，我们必须努力调整自己的观念和心态，积极主动地融入团队中去，借助团队合作成就自己。在实际的工作中，懂得团队合作的人才是一个真正的智者。一方面，他们通过团队合作成功地完成了自己的工作，为企业创造了价值，另一方面，他们又通过团队合作提高了自己的工作能力，让自己逐步成长为一个出色的员工。

👍 融入企业，协作共赢

我们在任何时候都需要培养自己的全局意识，不要被眼前局部的情况所迷惑。一定要时刻为全局的利益着想，这样的员工能够为企业创造出巨大的财富，也能够让自己的事业得到升华！团队合作可以让企业更加成功，让团队更加卓越，让企业的员工更加优秀。团队合作精神已经成为现代企业员工必须具备的素质，提升团队合作意识以及团队合作能力是企业发展的必经之路。

在职场上，每个人凡事都应该从大局出发，以大局为重，不要执着于一隅，不能只着眼于一城一地之得失。有很多才华出众的人在做事的过程中却缺乏大局意识，凡事不能从大局出发，不能立足长远把握实际效果，不能从利害关系出发，从而铸成大错，造成严重的损失，甚至一失足成千古恨。

小刘是一家大型外贸公司的运输班班长，脑子很活，业务熟练。只是在班长的位置上一干就是五年，至今也没有上升的迹象。但是有两个同样是当班长的同事却升了职。这是什么原因呢？

中秋节那天，小刘接到上级电话，要他紧急调一台车到某地，接替其他班组的任务。运送货物的卡车坏在半道，公司一时没有多余的车调配。小刘打了几个电话，发现班里的人都说远在外地过中秋，于是就回电话说没法调配。其实呢，就算他的下属真的没法赶来，他自己也是可以出车的。可他偏不，也撒谎说自己在外地。而他的那些下属，估计也有撒谎的。

有次外商来公司考察，领导早就说好了要将车子洗干净，并要求所有的司机穿统一工装。小刘安排了大家洗车，却忘记了要求他们穿工装。第二天上班才想起来，于是让没穿工装的在公司的宿舍里找了几件旧的工装换上。当领导陪着外商来到运输队时，只有他们班的衣服不干净整齐。

类似的事情有好几起，可小刘却丝毫不觉得自己错了。第一件事，他觉得只要自己的任务完成就行了，别的班组的事与自己无关。第二件事，他认为是形式主义，穿统一工装没有什么意义。可是这些在领导眼里，就是没有大局意识，无法担当重任。

顾全大局是一种责任，大局意识也是责任意识。无论是员工还是管理者，都要学会从整体的高度考虑问题，个人目标要符合大局要求，个人的前途要和企业的前途结合起来，当需要牺牲一点个人利益的时候，就不能太斤斤计较个人的得失，而是要有牺牲的精神，处处以集体的利益为重。

作为一名合格的员工，不论何时何地，都要目光高远，看到企业美好的发展前景，不论说话还是做事，都要把企业利益放在第一位。不利于企业形象的话不说，不利于企业发展的事情不做。在我们选择一家企业并成为它的员工的时候，就意味着我们站在了企业这艘船上，这艘船的命运将我们的命运紧密地联系在一起。如果我们真想让自己过得更好，让自己更有价值，那么我们就得努力工作，让企业变得更有价值。

员工要懂得与企业共存亡。很多人认为，为企业创造了巨大财富是员工最神圣的事，然而其实与企业共存亡才是最神圣的事。即使你创造了巨大财富，没有与企业同呼吸共命运的意识，有一天也会为了自己的利益而损害企业的利益。"共存亡"就是要求我们在工作中认真负责，这样我们也会为了企业更好的发展，树立全局意识。

这个世界充满了有能力的人，他们的才华是我们很多人不能达到的，但是他们却缺少那种顾全全局的意识。而很多团队需要的都是那些能够有全局意识的人，这样的员工能够让企业感到安全，他们的眼光会让企业觉得他们是最值得寻找的员工。企业只要有这样的人才，就能战胜一切困难，走出困境；这样的人才也一定能够出人头地。

在实际的工作中，员工的合作意识非常重要。一个员工，只有真正意识到合作的重要性，才能在企业中做出一番事业。我们不能做那种和其他同事穿戴一样的制服，在口头上宣扬团队合作，然而在心里依然是我行我素、不合群的员工。要知道，这样的员工是无法获得同事的认可的，其事业也不会有长远的发展。

事实上，我们的团队合作意识决定了我们的工作成就，所以，我们要把团队合作意识渗透到工作的每一个细节中。我们都知道，几乎所有的工作都离不开团队合作，只有在团队内部形成互帮互助的合作意识和工作氛围，我们才能在不知不觉中将所有的工作做好。这个时候，作为团队中的一员，我们一定要懂得换位思考，比如在一项工作进行的过程中，我们最好不要缺勤，因为如果我们突然中断工作，很容易给团队其他成员造成压力，同时我们的缺席还会影响整个团队的工作进度和工作效率。

如果我们能在工作中为团队其他成员考虑，为其提供一些力所能及的帮助，或是分享自己宝贵的经验，那我们就能迅速地融入团队中去，赢得同事的信任和认可，我们就能为团队的发展倾尽自己全部的力量，我们就能和团队一起成长，并获得最终的成功。

而这一切，都有赖于我们自身团队意识的培养。在培养团队意识的过程中，我们要努力做到以下四点：第一，要学会自如地、迅速地、心平气和地承认自己的错误、弱点和失败；第二，要善于看到其他团队成员的优点，然后取长补短，不断完善自己；第三，如果说其他队员向我们请教问题，我们要耐心地去解答，以团队的利益为先，将自己所掌握的技术分享出来，让对方信任我们；第四，我们要将自身的优势发挥出来，并将其转化为团队的优势，以更好地促进团队的成长和发展。

此外，我们还需认识到，没有规矩，不成方圆。各行各业都有自己的规章制度，团队也不例外，所以，我们要想培养自己的团队合作意识，就必须懂得服从团队的安排。打个比方，很多时候，我们会觉得自己的想法和工作方案是最优秀的，但是如果上司没有采纳我们的意见或是没有选择我们的工作方案，那我们也不能学孙悟空大闹天宫，但凡遇到这种情况，我们需要做的就是服从团队的安排并虚心学习。因为只有这样，我们才能让团队的工作更好更快地完成，当然，我们也能借此发现自己、认识自己、锤炼自己。

所以，在工作中，我们想要成为一名具备团队合作意识的优秀员工，就一定要在接到命令之后，毫不犹豫地去执行。有时候，即便是遇到棘手的工作，我们也不要害怕或是逃避，要知道，越是棘手的工作越可以让我们得到锻炼，越能证明我们的工作能力。如果我们做好了，老板就会对我们另眼相看，同事们也会更乐意与我们一起合作。另外，如果我们在工作中出现了错误，那么也不要急着把责任推到同事的身上。要知道，工作上遇到问题和麻烦是在所难免的，这个时候恰恰是考验我们的时候，一味地推卸责任只会毁掉我们在团队中的形象。所以，我们需要先从自身找一找原因，然后好好地反省一下自己的工作态度和方法。总之，想要和同事和谐相处，愉快合作，我们就必须勇于承担自己的责任。

最后，团队合作意识的培养还表现在我们如何处理自身与其他团队成员的摩擦与冲突上。比如，在制订一个宣传方案的时候，我们和团队其他成员出现了分歧，此时，我们绝对不能盛气凌人，将对方逼至绝境。正确的做法是，退一步海阔天空，大家一起坐下来，心平气和地讨论并吸取彼此的意见，从而更好地解决问题。

我们若想更好地融入团队中去，与团队成员协同合作，共同激发团队的战斗力，那我们就必须努力培养自己的团队合作意识，唯有团队合作意识，才能引领我们迈向成功。

第五章
做最勤奋的员工

勤奋是成功的开始

　　勤奋可以创造佳绩，生活中如此，工作中更是如此。天下没有免费的午餐，我们若想在工作中有所突破，就必须踏踏实实做好自己的本职工作，努力为企业分忧解劳。当我们凭借努力成为企业最需要的人时，那前方等待我们的自然是丰厚的薪水，耀眼的前程。

　　一个人在工作上的惰性，最初的症状之一就是他的理想与抱负在不知不觉中日渐褪色与萎缩。对于每一个渴望成功的人来说，要养成时刻检视自己的抱负的习惯，并永远保持高昂的斗志。要想收获更多，只有勤劳地付出更多。

　　世界上到处是一些看来就要成功的人——在很多人的眼里，他们能够并且应该成为这样或那样非凡的人物——但是，他们并没有成为真正的英雄，原因何在呢？

　　原因就在于他们没有付出与成功相对应的代价。他们希望到达辉煌的巅峰，但不希望越过艰难的梯级；他们渴望赢得胜利，但不希望参加战斗；他们希望一切都一帆风顺，而不愿意遭遇任何阻力。

在工作中提升自己，要把握一个"勤"字。中国有句古话：天道酬勤。西方也有类似的谚语：勤奋是成功降临到每个人身上的信使。勤奋具有点石成金的魔力。那些出类拔萃的人物、那些将勤奋奉为金科玉律的人们，将使人类因他们的工作而受益。

香港"珠宝大王"郑裕彤，出生在一个农民家庭，自幼家境贫寒，15岁时即中断学业，到香港"周大福珠宝行"当学徒。临行前，母亲叮嘱他：干活勤快，遵守规矩，勤动手，多动脑。郑裕彤牢记母亲的教诲，干活勤快又机灵。他处处留意，看老板和同事如何做好经营管理，还在业余时间观察别的商家如何营业。

有一次，他去别家珠宝店观察人家的经营之道，不料回来时遇上堵车迟到了。老板发现后，问他何故迟到。他便据实相告。老板不相信一个小学徒还有这份心，就问："你说说，你看出了什么名堂？"

郑裕彤不慌不忙地说："我看人家做生意，比我们要精明。客人只要一进店，伙计们总是笑脸相迎，有问必答。无论生意大小，一概客客气气；就是只看不买，也笑迎笑送。我觉得，这种待客的礼貌周到是最值得我们学习的。还有，店铺的门面也一定要装饰得像模像样，与贵重的珠宝相配。我看人家把钻石放在紫色的丝绒布上，光亮动人，让人看起来格外动心……。"

郑裕彤侃侃而谈，周老板暗暗动心。他预感此子必成大器，便有意培养他。郑裕彤成年后，颇受周老板器重，周老板便将女儿嫁给他，后来干脆将生意全交给他打理。

郑裕彤接手生意后，经过一番苦心经营，"周大福珠宝行"发展成为香港最大的珠宝公司，每年进口的钻石数占全香港的30%。之后，郑裕彤又投资房地产业，成为香港几大房地产大亨之一。

应该说，勤奋不是人类与生俱来的天性；相反，惰性倒是人类潜意识中共有的。惰性往往隐藏在人的内心深处，一帆风顺的时候你也许看不到它，而当你碰到困难，身体疲惫，精神萎靡不振时，它就会像恶魔一样吞噬你的耐力，阻碍你走向成功。

当你身心疲惫时，你会觉得连动一个小指头都很吃力，可是靠着坚强的耐心，活动的速度也会加快，最终能够完全按照自己的意志自由活动了，这就是克服惰性的耐力带给你的成功！

没有人能打败自己，除了你自己。有人说，能战胜别人的人是英雄，能战胜自己的人是圣人，看来是英雄好当圣人难做。有好多人对自己的惰性无可奈何，最终一事无成。

所以，我们应该严格要求自己，不要放任自己无所事事地打发时光，不要让惰性爬出来咬噬我们的斗志。我们要学会调节自己的情绪：不管是处于一种什么样的心境，都要迫使自己去努力工作。

"勤能补拙"是一句老话，可惜能承认自己有些"拙"的人不会太多，能在进入社会之初即体会到自己"拙"的人更少。大部分人都认为自己不是天才至少也是个干将，也都相信自己接受社会几年的磨炼后，便可一飞冲天。但能在短短几年即一飞冲天的人能有几个呢？有的飞不起来，有的刚展翅就摔了下来，能真正飞起来的实在是少数中的少数。为什么呢？大多是因为社会磨炼不够，能力不足。

所谓的"能力"包括了专业的知识、长远的规划以及处理问题的能力，这并不是三两天就可培养起来的，但只要"勤"，就能有效地提升你的能力。

"勤"就是勤学，在自己工作岗位上，一个机会也不放弃地学习，不但需要自己去钻研，也需要向有经验的人请教。科学合理地安排好自己的作息时间，按计划行事，将自己的时间充分地利用起来，勤而不舍。如果你本身能力已在一般人水准之上，学习能力又很强，那么你的"勤"将使你很快地在团体中发出亮光，为人所注意。

另外一种"能力不足"的人是真的能力不足，也就是说，先天资质不如他人，学习能力也比别人差，这种人要和别人一较长短是很辛苦的。这种人首先应在平时的自我反省中认清自己的能力，不要自我膨胀，迷失了自己。如果认识到自己能力上的不足，那么为了生存与发展，也只有"勤"能补救，若还每天痴心妄想，不要说一飞冲天，可能连个饭碗都保不住哩！

对能力真的不足的人来说，"勤"便是付出比别人多好几倍的时间和精力来学习，不怕苦不怕难地学，兢兢业业地学，也只有这样，才能成为龟兔赛跑中的胜利者。

"勤"并不只是为了补拙，还能够为自己带来很多好处。

塑造敬业的形象。当其他人浑水摸鱼时，你的敬业精神会成为旁人眼光的焦点，认为你是值得敬佩的。

容易获得老板的信任。当老板的喜欢用勤奋的人，因为这样他比较放心。如果你的能力是真不足，但因为勤，老板还是会给予合适的机会。

香港彭年酒店的创办者余彭年，是一个身家数十亿港元的大富豪。他祖籍湖南，自幼家贫，于20世纪40年代初来到香港讨生活。战乱时期，他初来乍到，人生地不熟，加上他根本就不懂英文，又听不懂粤语，找工作非常困难。几经波折，他才在一家公司找到一份勤杂工的工作。扫地、洗厕所之类的活儿又累又脏暂且不说，薪水还很低。

不过，余彭年却干得兢兢业业。勤杂工们本来是双休，但余彭年发现周六周日常有人来公司加班，没有人打扫卫生的话会让公司形象不佳。于是，在双休日，他也主动加班，一人去公司打扫卫生。

勤杂工的薪水很低，又没有加班费，其他的勤杂工说他傻，好心劝他："你就是干活干得累死，老板也不会多给你一分钱，何必呢？"余彭年听了只是笑笑，不说什么，仍然将这份额外的工作做得一丝不苟。

就这样一直干了半年，直到有一个星期天，公司的老板发现了这个自动加班的勤杂工，感到非常惊讶。当老板了解到余彭年每个周末都如此时，更是大吃一惊。第二天，老板就找他谈话，随后提升他为办公室的一名员工。而余彭年也没有辜负老板，他加倍努力地工作，并在工作中提升自己的能力。老板很欣赏勤奋的余彭年，就不断地提升他，最后将他升到了公司总经理的职位上。

几年之后，余彭年向老板提出辞职，说自己想出去做生意。老板欣然同意，并投资入股了他的公司。从此，余彭年开始逐步实现自己的梦想，在地产界、酒店界闯出了一片新天地。最终，这位从勤杂工干起的穷小子，创办了香港著名的彭年酒店，身价高达数十亿港元。

不要只看到了别人的成功，更要看到别人为什么成功。有一句话说得很好："伟人们之所以到达并保持着高处，并不是一飞就到，而是他们在同伴们都睡着的时候，在夜里辛苦地往上攀爬。"余彭年的成功可以说是一种最高的回报，但是他的这种回报是建立在他超于他人的勤奋的基础之上。

勤奋创造佳绩

在职场生涯中，勤奋努力的人是我们学习的榜样，因为只有那些勤勤恳恳工作的人，认认真真对待自己工作的人，才能最大程度发挥自己的才能和潜力，在工作中创造出骄人的佳绩。

勤奋可以创造佳绩，生活中如此，工作中更是如此。天下没有免费的午餐，我们若想在工作中有所突破，就必须踏踏实实做好自己的本职工作，努力为企业分忧解劳。当我们凭借努力成为企业最需要的人时， 那前方等待我们的自然是丰厚的薪水，耀眼的前程。

日本有一个保险推销员，名叫神原一平。神原其貌不扬，不仅个头低，长相也不突出。在日本人看来，一个保险推销员，光凭这两点就会遭遇很多挫折。

确实，一开始神原的工作十分不顺利，业绩一直上不去。可是，神原没有放弃，相反，他的信心更足了。神原对别人说，虽然自己的相貌不太好，但自己可以通过勤奋努力来弥补。

于是，神原更加勤奋地工作了。每天很早就起床，匆忙吃过早饭后，就赶紧把客户的资料整理完毕，然后，再挨个给客户打电话，约定好访问时间。每天晚上，神原都在 12 点之后休息，因为他要把一天的工作进行总结，分析客户类型，找出最有可能成交的潜在客户。而这就是他一天的工作安排。

在他看来，星期一到星期五保持竞争力不落人后，星期六与星期日拿来超越他人。也就是说，当别人休息的时候，他还会在周五那天下午去约见客户，只要客户允许，周六、周日他一定会出现在客户面前。正因为他的勤奋，他才成功摘取日本保险史上"销售之王"的桂冠。

由此可见，勤奋是永不过时的职业精神，勤奋工作是创造辉煌成就的前提，勤奋工作能激发人内在的工作激情。无论何时何地，勤奋永远是受人尊崇的职业品质。

人们常常惊异于文艺家创造性的才能，其实，影响他们成才的条件之一就是勤奋。一个人唯有勤奋，才能把工作做好，才能获得成功，而懒惰者无疑会被淘汰。

人都是有惰性的，这是无法否认的事实。但面对懒惰，我们要有意识地去规避，主观上去克服懒惰，避免拖延，只有这样，我们才能激发自己工作的积极性。要知道，在这个竞争如此激烈的社会，想要取得职业生涯上的成功，我们只有依靠勤奋。

总之，只有勤奋努力，只有满怀热情，只有兢兢业业，我们才能把自己的事业带入成功的轨道。而这是职场上永远适用的真理，也是永不过时的职业精神。

有人说，勤奋是一个人走向成功的不二法门。这话确实说的没错，勤奋作为一种精神和品质，永不过时。

常言道："一分耕耘，一分收获。"不劳而获的事情从来就是不存在的，一个人只有辛勤的劳动，才能收获丰硕的成果。可以说，勤奋是实现理想的奠基石，是人生航道上的灯塔，是通向成功彼岸的桥梁。勤奋的人珍惜时间，爱惜光阴，勤奋的人脚踏实地，勤奋的人坚持不懈，勤奋的人勇于创新。

勤奋是一种工作态度，也是一种高贵的品质。勤奋是对自己工作负责的表现，同时也是对自己人生负责的表现。要想在竞争激烈的职场上取得成功，我们只有凭借超乎常人的勤奋，促使自己不断地进取，不断地奋发向上。

无论处于什么时代，从事什么行业，我们对待工作都需要勤奋努力。尤其是在那些先进的、高尖的技术行业里，更是需要这种勤奋努力、拼搏进取的精神。

在职场中，很多员工心中都有将工作做好的欲望，但他们总是不敢选择行动，真正动手去做，到头来，只能令许多时间白白地浪费掉，让许多成功的机会从自己的身边溜走。

在一些人眼里，工作是一种简单的雇佣关系，他们常常把工作的价值和工资完全挂钩。甚至有的人认为工作只是在为老板打工，随便应付就行了，不必过分努力认真。

可见，抱着这种心态去工作的人，自然很难具备工作的动力与激情，做起事来铁定又消极又散漫。试问，一个人如果处于如此不佳的工作状态，又怎能将手头上的工作做好，从而获得升职加薪的宝贵机会呢？

在我们的身边，对待工作不够勤奋的人往往有两种表现，第一种是得过且过，工作总是敷衍了事，第二种则是表面上看起来忙忙碌碌，但实际上却不是在尽心尽力工作，只不过是在老板面前装装样子罢了。其实，不管是哪一种，都不是我们应该效仿的对象。

那真正正确的做法究竟是什么呢？很简单，那就是树立起"工作是为了自己，不是为了老板"的工作理念，不管我们从事何种工作，我们都应该严格要求自己，勤勤恳恳地付出，脚踏实地地工作，长此以往，我们定能得到幸运之神的眷顾。

或许有人会很不以为然，他们会觉得，自己勤奋工作，最后只得到了那么一丁点儿工资，非常不划算，于是决定以后老板给多少钱，自己就为老板做多少事！其实这种想法是不对的，要知道，当我们的工作有了优异的成果时，那我们自然就会得到老板的赏识，就会得到晋升和提拔，就会有机会做更重要的工作，而我们的工资自然也会随之水涨船高。

此外，我们的勤奋工作不仅能给公司带来业绩的提升和利润的增长，同时也能给自己带来宝贵的知识、丰富的经验和成长发展的机会。而这无疑是一种双赢，老板获利，我们也收益，老板开心，我们也快乐，何乐而不为呢？

一个人只有勤奋地工作，主动地多做一些，才能有所收获。那些成功的人之所以能够成功，就在于他们比失败者勤奋。

其实，我们谁都无法否认，人都是有惰性的，关键是我们要去有意识地规避惰性，去激发自己的积极性。要想在这个人才辈出的时代走出一条完美的职业轨迹，唯有依靠勤奋的美德——认真对待自己的工作，在工作中不断进取。

勤奋是保持高效率的前提，只有勤勤恳恳、扎扎实实地工作，才能把自己的才能和潜力全部发挥出来，才能在短时间内创造出更多的价值。缺乏事业至上、勤奋努力的精神就只有观望他人在事业上不断取得成就，而自己却在懒惰中消耗生命，甚至因为工作效率低下失去谋生之本。

一个优秀的员工在工作中勤奋追求理想的职业生涯非常重要。享受生活固然没错，但怎样成为老板眼中有价值的员工，这才是最应该考虑的。一位有头脑的、聪明的员工绝不会错过任何一个可以让他们的能力得以提升，让他们的才华得以施展的工作。尽管有时这些工作可能薪水低微，可能繁杂而艰巨，但它对员工意志的磨炼，对员工坚韧的性格的培养，都是员工一生受益的宝贵财富。所以，正确的认识你的工作，勤勤恳恳的努力去做，才是对自己负责的表现。

要想在这个时代脱颖而出，你就必须付出比以往任何人更多的勤奋和努力，具有一颗积极进取、奋发向上的心，否则你只能由平凡变为平庸，最后成为一个毫无价值的没有出路的人。

一个员工如果萎靡不振，那么他脸上必定毫无生气，整个人看起来呆若木鸡，无精打采。那么他做事的时候就不可能有朝气、有活力、更不可能出成果。世间最难治也是最常见的病就是萎靡不振。萎靡不振往往使人陷于完全绝望的境地，永远没有希望。有意识、有意志的员工才能让自己拒绝萎靡不振。方法就是全身心地投入到工作中，即使在自己已经很疲惫的时候。

只有那些勤奋努力，做事敏捷，反应迅速的员工，只有充满热忱，富有思想的员工，才能把自己的事业带入成功的轨道。

每天多做一点

在工作中比别人多做一点，不仅是一种智慧，还是走向成功的一条准则，更是一种不怕吃亏的勇气。只要我们在平凡的岗位上，坚持"每天多做一点"，那终有一天会实现自己的人生价值，获得成功。

工作中有这么一种人，现在可以做的事情放着不做，以为以后有的是时间去做，而且还给自己找了一大堆理由让自己心安理得。其实，这种人有时候也能感觉到自己是在拖延，但却不去改变，也从不想去改变，他们每天都生活在等待和逃避之中，空有羞愧和内疚之心却不去行动，毫无疑问，这样的人，最终将会一事无成。

其实，当我们有新的工作任务时，就应该立即行动，只有这样，我们每天才能比别人多做一点，最终比别人收获更多。我们要彻底放弃"再等一会儿"或者"明天再开始"的想法，遇到事情马上列出自己的行动计划，毫不犹豫立马去做！从现在就开始，着手去做自己一直在拖延的工作。要知道，当我们真正去开始做一件事情的时候就会发现，之前的拖延理由简直毫无必要，干着干着，我们就会喜欢上这项工作，而且还会为自己之前的拖延感到后悔。

在工作中，很多人觉得应该等到所有的条件都具备了之后再行动。可事实上，良好的条件是等不来的。等我们万事俱备的时候，别人或许早已领先我们一步，抵达成功的彼岸。所以，我们完全没必要等外部条件都完善了再开始工作，在现有的条件下，只要我们肯做，肯好好努力，同样可以把事情做到极致。另外，一旦行动起来，我们还可以创造许多有利的条件。一旦做起来，哪怕只做了一点点，这一点点也能带动我们将事情做好。

我们还需看到，有时候，人们之所以选择拖延，就是因为有些事情需要较长时间才能显现出结果，才能看到回报。如果我们遇到了这样的事情，不如先给自己拟定一个完成工作任务的期限，然后把任务分解成不同的阶段，每个阶段再设定一个完成的期限。如此逐个击破每个阶段的工作任务，不断给自己施加适量的压力，并让身边的人监督我们按时做好，那我们就能一步一步顺利完成那些看似比较困难耗时比较长的艰巨工作。

有时候遇到事情要立马采取行动是很难的，尤其是面对令自己不愉快的工作或很复杂的工作时，我们常常不知道该从何下手。但是，不知道从何处下手并不能成为选择拖延和逃避的理由。如果工作的确很复杂，那我们可以先把工作分成几个小阶段，分别列在纸上，然后把每一阶段再细分为几个步骤，化整为零，一步一步来做，并保证每一步都可在短时间之内完成。如此一来，那大的任务也能迎刃而解。

世间万事万物的变化都是循序渐进的。只有量的积累才能引起质的变化。这也是在告诉我们，在做事情的时候，付出越多，机会就越多，成功也就越近。

在工作中，仅仅是尽心尽职做好分内的工作，是远远不够的，我们还应该再多做一点分外的事情，多为老板和企业考虑，做一些有益于企业发展的事情。只有这样，我们才能从工作中脱颖而出。

总之，只要我们坚持每天多做一点，就能从平凡走向卓越。

在一个下雨的午后，一位老妇人走进费城的一家百货公司，大多数的柜台人员都不理她。有一位年轻人走过来问她是否能为她做些什么。

当她回答说只是在避雨时，这位年轻人没有向她推销任何东西，虽然如此，这位销售人员并没有离去，转身拿给她一把椅子。

雨停之后，这位老妇人向这位年轻人说了声谢谢，并向他要了一张名片。几个月之后，这家店长收到了一封信，信中要求派这位年轻人前往苏格兰收取装潢一整座城堡的订单！这封信就是这位老妇人写的，而她正是美国钢铁大王卡内基的母亲。

当这位年轻人收拾行李准备去苏格兰时，他已升格为这家百货公司的合伙人了。

为什么这个年轻人比别人获得了更多的发展机会？主要原因就在于他比别人付出了更多的关心和礼貌。

常言道，唯有付出才能得到。一个人要得到多少，就必须先付出多少。付出时越是慷慨，得到的回报就越丰厚；付出时越吝啬、越小气，得到的就越微薄。

毫无疑问，在工作中，对于分外的事情，我们确实可以选择不做，没有人会因此怪罪于我们。但是如果我们做了，那显然就多了一个机会。要知道，天道酬勤，我们多付出的时间和精力并没有白白浪费，终有一天，命运会给予我们更为丰厚的回报。

此外，我们只有多做一点，才能最大限度地展现自己的工作态度，最大限度地发挥出个人的天赋和才华，才能向大家证明自己比别人强。当我们将多做一些变成一种良好的习惯，并将其充分地贯彻在我们的工作中时，那么我们离成功就会越来越近。

要知道，如果一个人能够勤奋努力，每天都比别人多做一点，尽心尽力去工作，处处为别人着想，那么这样的人必然能够做好一件事，久而久之，成功也会向他招手。

所以，如果我们想成功，那就多做一些吧。只有比别人多做一点，多想一些，并且一直坚持，我们才能创造不凡的业绩。

乔治是美国著名的出版家。他少年时，家境贫困，生活十分艰难。12岁那年，乔治经人介绍，在费城一家书店找了一份店员的工作。对于少年乔治来说，这份工作很重要，能够改善一家人的生活。所以，从上班第一天起，他就十分勤奋，自己的工作做完了，还要帮助老板处理其他事情。

有一天，老板对他说："没事你就可以早点回家。"

但是乔治却说："我想做一个有用的人，现在我手头上也没事做，就再让我做其他的事吧，我希望证明我自己。"

老板听了乔治的话，越来越赏识眼前这个小伙子了。

后来，由于工作勤奋，乔治很快就成为这家书店的老板。再后来，他又成为美国出版界的大佬。

通过这个故事，我们不难发现，无论做什么工作，我们都需要努力奋进，多思考、多学习、多努力、多干一些事情。要知道，比别人多干一些活儿，非但不会吃亏，反而能带我们走向成功。

所以，坚持每天多做一点吧，这样不仅能展示我们的实力和才华，还能让我们获得更多宝贵的财富。相信拥有这样的心态后，我们的工作一定会顺风又顺水，我们的前程一定会越来越光明。

一个成功的推销员曾用一句话总结他的经验："你要想比别人优秀，就必须坚持每天比别人多访问五个客户。"比别人多做一点，这种积极主动的行为，常常可以给一个人带来更多机会，也能使人从竞争中脱颖而出。

对一个人来说，做事是否积极主动，常常是于细微处见精神。在职场中，只要我们具备一种积极主动做事的心态，每天多努力一点、多付出一点，我们就能在工作中争取到更多的机会。一位成功的企业家这样告诉他的员工：不要怕多做事，你做的事情越多，你在企业中就越重要，你的地位就会越来越高。

在一家公司研发部工作的查理最近一直比较郁闷，同事见他一副愁眉不展的样子，开玩笑地说："查理先生什么地方都好，就是太不知足了，作为咱们研发部门，只要完成公司下达的研发任务就可以了，这样薪水就比生产和销售的都多，应该高兴才是！"

另一个同事也说："研发方面，查理是专家，应付公司分下来的任务绰绰有余，为什么还整天思虑重重的样子？"

查理说："我不是因为薪水和任务是否能完成而郁闷，而是觉得我们这样整天坐在办公室里，除了完成公司交给的任务，就什么都不做了，现在市场竞争这么激烈，我们能不能主动地做一些工作，给公司拿出一些新颖的创意来呢？"

尽管同事们都觉得这家公司已经很强了，完全没有必要担心因市场竞争的激烈而被挤掉，查理还是暗下决心，要在完成公司任务的基础上努力工作，让他们公司的产品在自己的研发下有一个飞跃。

不久，查理就研发出一款新产品，并且在市场上反响非常好。主管对查理的积极主动很是赏识，不久，查理就升为研发部的总监助理。

俗话说能者多劳。一个人做的多少，从另一方面来说，真的可以体现出能力的高低。当今社会不断发展，作为企业的员工，你的工作范围也应不停地扩大。不要逃避责任，少说或不说"这不是我应该做的事"，因为，如果你为企业多出一分力，那么你就多了一分发展的空间。如果你想取得一定的成绩，办法只有一个，那就是比别人做得更多。

成为不可替代的员工

社会科技不断进步，如果你止步不前，不愿学习，你将永远生活在社会的最底层，你会一直地做着那些最机械的、最单调、最简单的重复性工作，而那些技能性的、技术性较强的工作因为你的无法胜任而与你无缘，这同时也就意味着你的升迁、加薪是一个遥遥无期的梦想。

现代市场竞争激烈，一个人只有坚持学习，不断进行知识的积累与更新，才能使自己适应急速变化的时代，获得更高的薪酬。职场上，竞争无处不在，如果你还在原来的地方踏步，而别人则是不停地向前奔跑，刚开始可能拉开的距离不大，但是时间一长，你就该追悔莫及了。如何掌控你的工作？只有不断给自己补充知识和能量，才能在职场独领风骚，永远常青。

大家都知道浙江商人很多，做生意方面在国内也是赫赫有名的。浙江卡森实业有限公司董事长朱张金当初刚学了几个俄语单词：一、二、三、四、五、好不好、多少钱、行、没问题。拿了个计算器就去俄罗斯做服装生意。因为有语言障碍，做生意过程中遇到不少困难。之后，他跑到欧美做生意，也由于不懂英语吃了不少苦头，因为你听不懂别人说话，就相当于一个聋人一样。

1999 年冬天，他到美国参加一个皮革展销会。一个加拿大的商人向他推销 landcows（死牛皮），40 美元一张。他不知道 landcows 这个单词是什么意思，他认为死牛皮的英文肯定是 deadcows，所以 landcows 肯定是好皮，心里暗自高兴，觉得这个价格实在太便宜了，因为只有死牛皮才是这么便宜的价格。于是他非常高兴地飞往加拿大看货，结果大失所望。其实，landcows 的意思就是死牛皮，就这样，他为了一个小小的单词，跑了这么多冤枉路。从此，朱张金意识到自己的文化水平非常欠缺，很多知识都不够用，做生意遇到了很多困难，决心要学好外语。英语磁带成了他出差旅途的伴侣。

现在他能与外国客商单独、直接进行交流，能用一口流利的英语给老外介绍企业的状况、产品等。从 2003 年公司进入了外国市场后，他在欧洲开设了二十多家家具产品连锁店，实现了中国民营企业在海外发达国家建立直销零售商场零的突破。

其实，不管是老板还是员工，无论你处于什么职位，在工作中只有不停地学习，你才能获得事业上的发展与成功。

知识是一个成功人士的最大资本，知识的占有量从某种程度上可以体现员工的才华和能力。而对知识的渴求和孜孜不倦地学习，则可以帮助你提高自己的竞争力，从而获得更加丰厚的报酬。在实际工作中，一个优秀的人是不会放过任何一次学习机会的，即使自己掏腰包接受再教育也在所不惜，因为他们知道"时刻充电"其实就是自我加薪。

比尔·盖茨曾经说过："一个人如果善于学习，他的前途会是光明的，而一个良好的团队，要求每一个组织成员都是那种迫切要求进步、努力学习新知识的人。"无疑，对个人而言，从薪水角度出发，不断给自己充电也是一项不断完善自身、逐渐提高个人收入的系统工程。

小张和小王同时被微软（中国）录用为程序员。小张才华横溢，毕业于国内某高等院校电子系，工作也做得干净利落，开始很受老板的青睐。相比较而言，小王甚至连一个像样的学历都没有，甚至有人传言他能够进入公司完全是因为上层主管中有他的亲戚。这使得小张更加瞧不起小王。

在日常工作当中，小张对付手头的工作自然得心应手，所以在工作之余他把更多的时间都花在了浏览网页和游戏上。而小王则每天起早贪黑的工作才能完成自己的任务。为此，小张更加自鸣得意了。

半年后，老板给小王涨了工资。对此，小张愤愤不平，他找到老板开门见山地说："如果靠公司内部有关系就可以加薪，完全不考虑工作能力，那么这样的公司我看再继续做下去也不会有什么前途。"

老板看了看小张，不置可否地拿过一份小王编辑的程序让他看。小张一看立刻呆住了，仅仅半年的时间，小王所编辑的程序与当初刚进公司时竟然不可同日而语了，简直可以用完美来形容。原来，在这半年多的时间里，小王除了努力做好自己的日常工作以外，一直都是在努力学习。此时，小王的水平已经远远超过小张一大截了。

可见，能够拿高薪的员工永远都是那些善于学习，拥有广博的知识，能够为企业带来利益的人。生活中，反省一下我们自己是否也曾有过像小张一样的愤愤不平呢？实际上，优秀的员工都很重视在工作中学习，而且他们也不会放过任何一个获得培训以提升自身能力的机会。

曾经有记者在采访比尔·盖茨时问道："今天你拥有如此的商业成就，靠的是什么？"比尔·盖茨说道："依靠知识。想要成功只有依靠学习，不断地学习。在知识经济的时代里，如果你有资金，但缺乏知识，没有最新的讯息，无论何种行业，你越拼搏，失败的可能性就越大；但是你有知识，没有资金的话，小小的付出就能够有回报，并且很有可能达到成功。现在跟数十年前相比，知识和资金在通往成功的道路上所起的作用完全不同。"

可见，任何人都不可能在瞬息之间就取得巨大的成就，只有像比尔·盖茨这样持之以恒地去学习，每天都坚持学习一点新东西，每天进步一点点，养成这种勤于学习的良好习惯，这样才能够增长知识，从而提高自己的判断、分析等各方面的能力，为自己赢得高薪打下坚实的基础。

随时随地进行学习，经常为自己充电，是确保个人拿得高收入、赢得老板赏识的重要原则。一个人的知识储备越多、经验越丰富，其工作起来也就越会游刃有余。在激烈的竞争中，如果一名员工缺乏知识，也就如同士兵在交战过程中失去了枪支一样失掉了应战的本钱。

所以，作为一个职场人士，你必须自省，要看到自己在知识上的欠缺和不足，并积极行动起来，迎头赶上。一个人吸取知识的有效途径就是随时随地进行学习，用新知识、新观念来充实自己的头脑，要学会怎样把知识变成能力，用知识丰富想象，善于灵活运用所掌握的知识去参与竞争，提高自己的工作效率，从而使自己有更高的收入。

在当今这个注重效率的时代，时间就是金钱，效率就是生命。对于企业来说，效率如何决定着企业的兴衰成败，而对于个人来说，效率如何决定着个人能否成功。没有高效率的员工只能在工作上花费更多的成本。任何一位员工，要想成为优秀员工，就要向专家学习，提高工作效率。

要想提高工作效率，你可以从多个方面入手，但首先要提高自己的专业知识技能。有专业知识的专家总是比普通人更能够发现生活中的问题，而且他们能够利用自己的专业知识找到解决问题的方法。对于员工来说也一样，掌握更多的专业知识和技能，能够让你的工作变得更加得心应手。这要通过学习和实践来实现。所以你要争取更多的培训机会，不断学习新知识，并通过工作来提高自己解决实际问题的能力。

学习专业知识，提高自身素质，是应对职场变化最有力的法宝！善于学习可以让你在各种变化中应付自如——无论是分配给你一个紧急任务，还是反复要求你在短时间内成为某个新项目的专家，都可以帮你顺利完成！

在企业中，尤其是在世界知名的企业中，几乎每一个员工都是经过精挑细选，战胜无数的竞争者才得到某一工作的机会。一粒黄金放在沙子里很容易被人认出来，可是如果人人都是黄金，那么如何才能在这样的环境里凸显自己呢？

答案很简单，大家都站在同一高度，你要想使自己看得远，唯一途径就是垫高自己——也就是通过不断的学习来丰富自己。只有这样，才能在情况发生变化的时候处变不惊，胜人一筹。

微软在录用员工的时候往往注重的是员工的其他综合能力而不仅仅是一纸文凭，新员工刚入公司，首先被告知的就是：在微软，文凭唯一能代表的就是你前三个月的基本工资。

学习能增长我们的智慧，能更好地与职场飞速发展趋势相适应。但是，你有没有想过，你赖以生存的知识、技能会随着岁月的流逝而不断地折旧，它就像大海的波浪一样，不管前浪多么汹涌澎湃，马上就会被随之而来的后浪所淹没。在风云变幻的职场中，脚步迟缓的不愿继续汲取知识的人瞬间就会被甩到后面。

对于知识的不断发展、更新，除非你与时俱进，不断地学习和提高自身的工作技能，否则就不能跟上职场的发展需要。

说到底，学习能力就是一种工作能力。一个不善于学习的人，一个不知道自己该学习什么的人，往往工作能力也很糟糕。在现在的职场上，不管你从事的是哪一种行业，没有知识总是愚蠢和可怕的，不继续深化知识和技能更是可悲。

任何一个成功者，都是通过学习才开始走向成功的。终生学习，才会终生进步。社会在不断地发展变化，学习就像逆水行舟，不进则退。人的知识不进步，就会后退，知识就像机器也会有折旧，特别是像电脑方面的知识，数年不进步，就会面临淘汰。一个人要成长得更快，就一定要喜欢学习，善于学习。

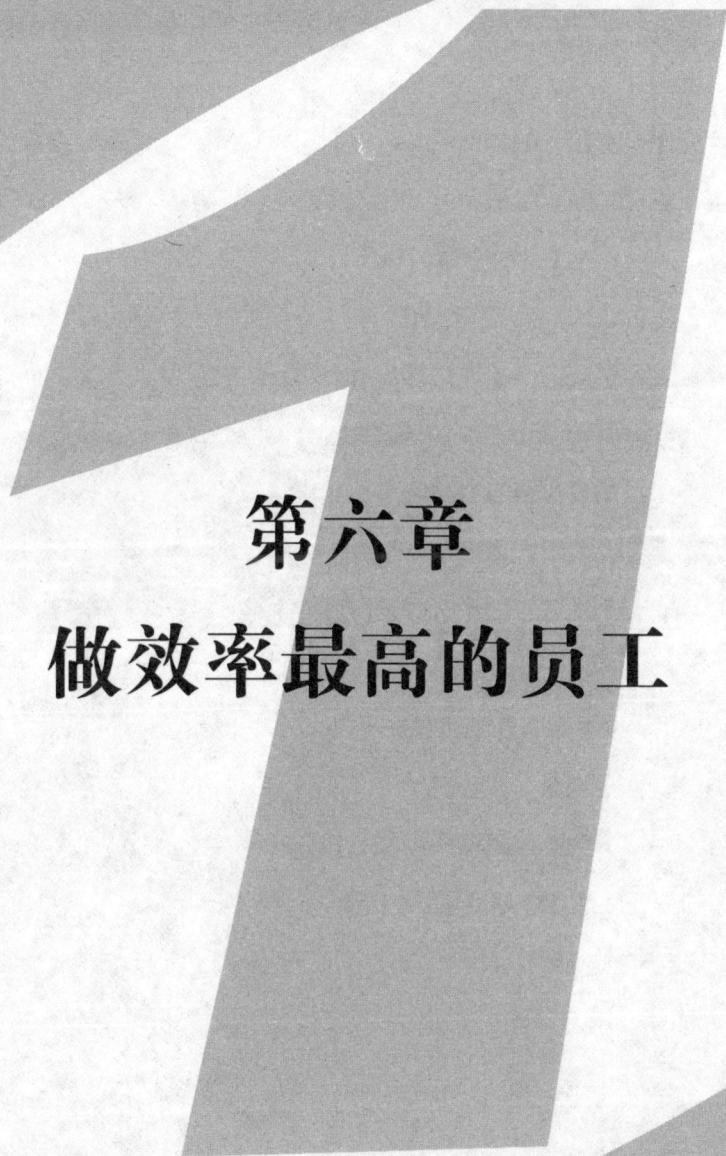

第六章

做效率最高的员工

你做到日事日清了吗

日事日清代表的是一种认真负责的工作态度，高效执行；日事日清代表的是一种科学的工作方法，智慧做事；日事日清强调的是完美的工作结果，创造佳绩。人们都说时间是公平的，可是有些人总感到自己的时间不够用，不然，为什么做同样的事，自己忙得焦头烂额，别人却还有时间休息呢？只有高效率工作，才能让自己的时间更充裕。

日事日清对每个员工的职业生涯都具有重要的意义，任何一个懒惰成性、整天把工作留给明天、被上司或者同事推着走的人，都是无法取得伟大成就的。我们要使主动工作成为一种习惯，勤奋做事、主动做事、用心做事，只有这样才能成为一个优秀的员工，一个前途光明的员工。

戴约瑟是美国著名的地产经纪人，他最初就是因为自愿替一个同事做一笔生意，从而被提升为推销员，并最终走向成功的。

戴约瑟在 14 岁的时候，还只是一个听差的小孩，他觉得做一个推销员对他来说简直是不可能的事，但是他却梦想着能成为一名推销员。

有一天下午，从芝加哥来了一个大客户。当时是 7 月 3 日，客户说他 7 月 5 日便要动身前往欧洲，在动身之前他想定一批货。这要等到第二天才能办好，但是第二天就是 7 月 4 日，是美国的独立日，是放假的日子，店主答应大客户他会在那天派一个店员来照料。

普通订货的手续是客户先把各种货物的样品看一遍，选定他所想要的货，然后推销员把他所订的货拿来再认真地检查一遍。

但是，这次被指派去做这一工作的一个年轻店员不愿意牺牲他的假日来取货，他为难地说，他父亲病了，需要他的照顾。这其实是他的托词，其实真正的原因是他想去约会。

于是，戴约瑟对那个店员说，他愿意代替他做。结果，戴约瑟升了职，他成了一名推销员。

一个人如果把工作仅仅看成是谋生的手段，那么肯定什么事情也干不好，只有对自己的工作尽心尽责，并主动完成任务的人，才能在事业上取得成就。

很多人把每天的工作看成是一种负担，一项不得不完成的任务，他们并没有做到工作所要求的那么多、那么好。对每一个企业和老板而言，他们需要的绝不是缺乏热情和责任感、工作不够积极主动的员工。

日事日清型员工是没有人要求你、强迫你，你却能自觉而出色地做好需要做的事情。这样的员工哪一个老板会不青睐呢？任何一个企业都迫切地需要那些能够自动自发做事的员工，不是等待别人安排工作，也不是把问题留到上级检查的时候再去做，而是主动去了解自己应该做什么，做好计划，然后全力以赴地去完成。

日事日清是成功的注释，拖延是对生命的挥霍。如果你将一天的时间记录下来，就会惊讶地发现，拖延正在不知不觉地消耗着我们的生命。

社会学家库尔特·卢因曾经提出一个概念叫作"力量分析"。在这里，他描述了两种力量：阻力和动力。他说，有些人一生都踩着刹车前进，比如被拖延、害怕和消极的想法捆住手脚；有些人则是一路踩着油门呼啸前进，比如始终保持积极和自信的心态。这一分析同样适用于工作，老板希望公司的每一位员工在工作中都能从刹车踏板——拖延上挪开，始终保持良好的状态，不断进步。

每个人都有懒惰的天性，而日事日清工作的人能够克服这种天性，使自己勤奋起来。日事日清既能够造就一个人的成功，同时也能给企业带来业绩。

"拿下美国B客户非常难！"洗衣机海外产品部崔经理接手美国市场时，大家都这么说，因为前面的历任产品经理对这位客户都业绩平平。

真这么难吗？崔经理不信。这天，崔经理一上班就看到了B客户发来的要求设计洗衣机新外观的邮件。因时差12个小时，此时正是美国的晚上，崔经理很后悔，如果能及时回复，客户就不用等到第二天了！从这天起，崔经理决定以后晚上过了11点再下班，这就意味着，可以在美国当地时间的上午处理完客户的所有信息。

三天过去了，日事日清让崔经理与客户能及时沟通，开发部很快完成了洗衣机新外观的设计图。在决定把图样发给客户时，崔经理认为还必须配上整机图，以免影响确认。大约子夜一点，崔经理回到家，立刻打开家中的电脑，当看到客户回复"产品非常有吸引力，这就是美国人喜欢的"时，她顿时高兴得睡意全无，为自己的日事日清取得的效果而兴奋不已。

样机推进中，崔经理常常半夜醒来，打开电脑看邮件，可以回复的就即时给客户答复。美国那边的客户完全被崔经理的精神打动了，随之推动业务进度，B客户第一批订单终于敲定了！

其实，市场没变，客户没变，拿大订单的难度没变，变的只是一个有竞争力的人——崔经理。她说："因为我从中感受到的是自我经营的快乐，有时差，也要日事日清！"

日事日清追求的就是速度和结果。日事日清不仅跟员工自身关系重大，也与企业的成败有着莫大的关系。员工的工作结果直接关系着企业的命运。日事日清为自身带来业绩的同时也为企业带来效益，而拖延会直接把自己和企业拉入痛苦的泥沼。

日事日清，今日事今日毕，体现的是科学管理时间的观念，体现的是良好的工作习惯，体现的是一种敬业精神，体现的是一丝不苟的严谨态度。无论你是公司的高层主管，还是基层员工，大事还是小事，凡是需要立即去做的事情，就应该马上行动，做到日事日清，绝不拖延。这也是成功人士、成功企业都在遵循的行事准则。

提高竞争力增强问题解决力

理智的老板，更愿意选择一个主动做事、日事日清的员工。因为，站在老板的立场上，一个缺乏时间观念的员工，不可能约束自己的懒惰意识，而全心地勤奋工作；一个自以为是、目中无人的员工，无法在工作中与别人沟通合作；一个做事有始无终的员工，他的做事效果值得怀疑。一旦你有这些不良习惯中的一个，给老板留下印象，你的发展道路就会越走越窄。因为你对老板而言，已不再是可用之人。

有三个人到一家建筑公司应聘，经过一轮又一轮的考试，最后他们从众多的求职者中脱颖而出。公司的人力资源部经理在第二天召集了他们，将他们三人带到了一处工地。

工地上有三堆散落的红砖，乱七八糟地摆放着。人力资源部经理告诉他们，每个人负责一堆，将红砖整齐地码成一个方垛，然后他在三个人疑惑的目光中离开了工地。

A说："我们不是已经被录用了吗？为什么将我们带到这里？"

B说："我可不是应聘这样的职位的，经理是不是搞错了？"

C说："不要问为什么了，既然让我们做，我们就做吧。"然后就干起来。

A和B同时看了看C，只好跟着干起来。还没完成一半，A和B明显放慢了速度。A说："经理已经离开了，我们歇会吧。"B跟着停下来，C却一直保持着同样的节奏。

人力资源部经理回来的时候，C只有十几块砖就全部码齐了，而A和B只完成了三分之一的工作。经理对他们说："下班时间到了，回去吧。"A和B如释重负地扔下手中的砖，而C却坚持把最后的十几块砖码齐。

回到公司，人力资源部经理郑重地对他们说："这次公司只聘用一名设计师，获得这一职位的是C。"

A和B迷惑不解地问经理："为什么？我们不是通过考试了吗？"

经理告诉他们："原因就在于你们刚才的表现。"

哪个老板不喜欢重用一个工作认真负责、没有任何敷衍的人。如果说，出身和学历是走向成功的阶梯，那么日事日清的工作态度就是你迈向成功的助推器。

每个人的能力都是可以培养的，这就意味着工作态度将决定一个人竞争力的高低。因此，身在职场，每一个人都要以认真负责的工作态度走好每一步。即使你什么能力也没有，但在你踏踏实实、日事日清地完成工作的过程中，你会得到锻炼，你的能力自然也就得到了提升。

职场中人，只要努力工作，就能找到成长的秘诀。如果你将工作视为一种积极的学习，那么，每一项工作中都包含着许多个人成长的机会。成功者的经验证明：付出世界上最多的努力，才能获得世界上最大的幸福，要想获得最大的成就，就必须付出最大的努力去奋斗。

机会总是藏在工作深处，只有努力的人，才能够看到机会究竟藏在哪里。日事日清、兢兢业业的人，实际就是抓住机会的人；逃避工作的人，实际就是放弃机会的人。

世界上最大的金矿不在别处，就在我们自己身上。只要我们认真对待工作，以一颗责任心面对问题，在工作中不断思考，就能发现机会，创造不同凡响的人生。机会和财富从来不会青睐毫无准备的人。对于每一个平凡而普通的人来说，工作就是财富，工作就是幸福。日事日清，就是珍惜工作的每一天，从工作中发现机会和财富。

对工作敬业负责，对企业忠诚坚贞，不轻视企业也不轻视自己的工作。遇事积极主动、自动自发地工作，从不找借口推卸责任，懂得在工作中注重细节，明白工作中无小事，想着把工作做得更好的人，是企业最需要的人。

永葆进取心，追求日事日清，日清日高，是成功人士的信念。它不仅造就了成功的企业和杰出的人才，而且促使每一个努力完善自己的人，在未来不断地创造奇迹，不断地获得成功。每个员工的一小步，就是企业的一大步。员工是企业得以持续发展的坚实基础，只有员工进步了，企业才会不断成长和壮大，同样，只有企业发展了，员工才能获得进一步的成长。实现自我、获得成功，把自己打造成高素质、高竞争力的优秀员工。在实际工作中积极适应企业发展，与企业一同进步，终将会成为企业中不可或缺的日事日清型人才。

忙碌不代表有成效，执行不等于落实

现代人一味强调忙碌，却忘记了工作成效，从周一到周日时刻忙碌着。而这些追求所谓"快"的忙碌实际上是在为自己制造慌乱，因为这种要求自己越忙越好的压力使职场人变得越来越浮躁。大多数人认为问题出在时间的紧迫上，但事实上，是忙碌控制了我们的工作和生活。

从前，有一个小和尚每天的任务就是负责敲钟，半年下来，觉得无聊至极，"做一天和尚撞一天钟"而已。

有一天，住持宣布调他到后院劈柴挑水，原因是他不能胜任撞钟一职。小和尚很不服气地问："师父，我撞的钟难道不准时、不响亮？"

住持耐心地告诉他："你撞的钟虽然很准时，也很响亮，但钟声空泛、疲软，没有感召力。钟声是要唤醒沉迷的众生，因此撞出的钟声不仅要洪亮，而且要圆润、浑厚、深沉、悠远。"

为什么小和尚不能胜任撞钟一职？因为小和尚是在完成任务，他以为这是住持想要的结果。但住持真正想要的结果不是撞钟，而是唤醒沉迷的众生。撞钟是任务，撞得唤醒沉迷的众生是结果。而要撞得唤醒众生，首先你要真正用心去做。我们有许多员工就像这个小和尚一样，整天在忙撞钟这项任务，却达不到唤醒沉迷的众生这个结果。

有个新会计，做报表的态度很认真，报表的格式也做得漂漂亮亮、整整齐齐。可惜，报表上的数据与实际发生额相差甚远，不仅领导看了一头雾水，而且她自己对报表上原始数据的来源也说不清楚。于是，这张报表也就成了一张废纸，一点价值都没有。

忙碌与成效，是很多企业的"心病"：员工都尽了力，大家每天都在忙碌工作，但企业却拿不到好结果，最后销售业绩下滑，质量波动，人心浮动。同样，这也是员工们的疑惑：我们这么努力，每天马不停蹄地忙碌，为什么领导还是不满意？

一旦染上了这种"忙碌病"，我们就会迷失在毫无间隙的忙碌之中，失去清醒的头脑和必要的理智。紧张工作疲于奔命，最终却往往会发现自己越来越力不从心，工作中错误百出，无法实现日事日清，这时才后悔莫及。

为什么好的决策总是一而再，再而三地付之东流？这是因为公司的执行力不强。我们现在缺少的不是制度的建设与创新，而是贯彻与执行的力度。随处可见的"差不多"和"不到位"；无处不在的浅尝辄止和虎头蛇尾；满足于一般号召，缺乏具体指导，遇事推诿扯皮，办事不讲效率等，都是没有把计划真正执行到位的具体表现。

工作中，一边出台制度、一边破坏制度和钻制度空子的现象屡禁不止，关键就在于制度执行不力、落实不严。有相当一部分制度仅仅停留在文件中、口头上。制度不落实，比没有制度更有危害。执行是制度管理的最关键环节，制度再健全、再完善，如果不执行、不落实也只能是一纸空文。很多成功人士和著名企业都意识到了这一点。

美国医药界的翘楚，现在是世界上前五名的制药最大厂商的老板查理·华葛林，原来他只是开设一家规模很小的西药房，同样有着一般人的想法，埋怨自己的职业，对工作感到无趣。

虽然对工作做得不是很起劲，但他曾问自己："我能舍弃这种生涯吗？""我能在我的职业中施展我的才能吗？"想了又想，不停地反复思考这个问题的他，终于下定决心，想到了一个方法。

这个方法就是把工作当作有趣的游戏，他是怎么做到的呢？例如，有人打电话订货，他一面接电话，一面举手招呼他的伙计，立刻把货品送去。

有一天，电话来了，他大声地回答说："好，郝斯福夫人，两瓶消毒药水，四分之一磅消毒棉花，还要特别的吗？啊，今天天气真好，还有……。"

他不时地与顾客沟通，同时指挥伙计把货物取齐马上送去，而伙计经过他的训练，很快就能处理妥当，在接电话的几分钟内，物品已经送到郝斯福夫人家的门口，但他们仍继续谈话，直到她说："门铃响了，华葛林先生，再见。"

于是，他放下电话听筒，面露喜色，因为知道货物已经送到。

事后，郝斯福夫人常对别人说起这件事，当她订货的电话尚未打完，物品就已经送来了。由于她无意中的传播，使得附近的居民都来华葛林的药房订货，并且渐渐扩展到别区的居民，最后都成为他药房中的忠实顾客。

从此以后，他从一间小小的药房，慢慢扩充为公司，然后成立了制药厂，连各地都开设了连锁店。

华葛林的成功，不在于工作的本身，而是他面对工作的态度。一个人学习一件自己感兴趣的事情时，更容易学到精髓，提高工作能力，直到最后的成功。

我们现在缺少的不是制度的建设与创新，而是贯彻与执行的力度。政策再好、制度再全、标准再高、要求再严，如果具体执行的人不认真、不负责、不尽心，其效果也不会好。如果我们制定一条制度，就落实一条制度；制定 10 条制度，就坚决执行 10 条制度，不松懈、不手软、不搞"下不为例"，公司里那些只知道数钞票却不知道做事的"蛀虫"就难行其道了，日事日清也就容易实现了。

做好时间管理，合理安排工作

假如你想成功，就必须认识到时间的价值。事实上，凡是在事业上有所成就的人，都十分注重时间的价值。他们不会把大量的时间花费在没有价值的事情上。

接待客户是很多人经常要做的工作，同时也是一件十分消耗时间的事情，一个善于利用时间的人总是能判断自己面对的客户在生意上的价值，如果对方有很多不必要的废话，他们都会想出一个收场的办法。

处在知识日新月异的信息时代，人们常因繁重的工作而紧张忙碌。如果想提高自己的工作效率，让自己忙出效率和业绩，就要向这些珍惜时间的人学习，培养自己重视时间的习惯。

在日常工作、生活中，我们经常会有这样的感觉：虽然我们方向无误，目标明确，工作起来也很努力，每天忙得团团转，可就是复命的时候没有什么明显的效果。相反，有些人每天不慌不忙，如同闲庭信步，却卓有成效，总有事半功倍之效。除去运气等不可控的因素外，其差别就在于明白事情的轻重缓急。

工作需要章法，不能眉毛胡子一把抓，要分轻重缓急。这样，才能一步一步地把事情做得有节奏、有条理，避免拖延。而其中的一个基本原则就是，把时间留给最重要的事情，把最重要的事情放在第一位！

伯利恒钢铁公司总裁理查斯·舒瓦普为自己和公司的低效率而忧虑，于是去找效率专家艾维·李寻求帮助，希望李能卖给他一套方法，告诉他如何在短时间里完成更多的工作。艾维·李说："好！我10分钟就可以教你一套至少提高效率50%的最佳方法。"

"把你明天必须要做的最重要的工作记录下来，按重要程度编上号码。最重要的排在首位，以此类推。早上一上班，马上从第一项工作做起，一直做到完成为止。然后用同样的方法对待第二项工作、第三项工作……，直到你下班为止。即使你花了一整天的时间才完成第一项工作，也没关系。

只要它是最重要的工作，就坚持做下去。每一天都要这样做。在你对这种方法的价值深信不疑之后，叫你的公司的人也这样做。这套方法你愿意试多久就试多久，然后给我寄张支票，填上你认为合适的数字。"

舒瓦普认为这个方法很有用，不久就填了一张 25000 美元的支票给艾维·李。舒瓦普后来坚持使用艾维·李给他的那套方法，五年后，伯利恒钢铁公司从一个鲜为人知的小钢铁厂一跃成为美国最大的不需要外援的钢铁生产企业。舒瓦普常对朋友说："我和整个团队坚持最重要的事情先做，付给艾维·李的那笔钱我认为是我的公司多年来最有价值的一笔投资。"

把时间留给最重要的事如此重要，但却常常被我们遗忘。我们必须让这个重要的观念时刻浮现在我们的脑海中，每当一项新工作开始时，必须先确定什么是最重要的事，什么是我们应该花费最大精力重点去做的事。

分清什么是最重要的并不是一件容易的事，我们常犯的一个错误就是把紧迫的事情当成最重要的事情。

紧迫只是意味着必须立即处理，比如电话铃响了，尽管你正忙得不可开交，也不得不放下手里的工作去接听电话。紧迫的事情通常是显而易见的。它们会给我们造成压力，逼迫我们马上采取行动。但它们往往是容易完成的，却不一定是很重要的。

根据紧迫性和重要性，我们可以将每天面对的事情分为四类，即重要且紧迫的事；重要但不紧迫的事；紧迫但不重要的事；不紧迫也不重要的事。

你在平时的工作中，把大部分的时间花在哪类事情上？如果你长期把大量的时间花在重要而且紧迫的事情上，可以想象你每天的忙乱程度，一个又一个问题会像海浪一样向你冲来。你十分被动地一一解决。时间一长，你早晚有一天会被击倒、压垮，上级再也不敢把重要的任务交给你。

只有重要而不紧迫的事才是需要花大量时间去做的事。它虽然并不紧急，但决定了我们的工作效率和业绩。只有养成先做最重要的事的习惯，对最具价值的工作投入充分的时间，工作中的重要的事才不会被无限期地拖延。这样，工作对于遵从日事日清的你就不会是一场无止境、永远也赢不了的赛跑，而是可以带来丰厚收益的事情。

我们提倡在工作中提高效率，更快更好地完成任务，但是，并不是说要以延长工作时间，甚至是牺牲自己的休息时间为代价。解决这一问题的关键是找方法，找到了适合自己的工作方法，不但能够保证工作高效地完成，你还能从中享受到工作的乐趣。

整天工作并不代表高效率。因为业绩和完成业绩花费的时间并不一定成正比。在你感到疲惫的时候，即使强迫自己工作、工作、再工作，也只会耗费体力和创造力，工作并不一定有成效。这时候，我们需要暂时停下工作，让自己放松。每当你放慢脚步，让自己静下来，就可以和内在的力量接触，获得更多能量重新出发，这也是高效率工作的一种策略。一旦我们能了解，工作的过程比结果更令人满足，我们就更乐于工作了。

掌握方法，化难为易提高效率

世界著名的成功学大师拿破仑·希尔在著作《思考致富》一书中，提出疑问"为什么是'思考'致富,而不是'努力工作'致富?"只知道努力工作的人并不一定会获得成功。放眼古今中外,成千上万的成功者无不是善于思考的人,而世间伟大的发明无不出自人的头脑,出自思考的源头。所以,职场人如果善于启用"头脑",挖掘出自己最大的潜能,找到方法,就没有做不好的工作。

方法是效率的保证,是解决问题的关键。当你的工作或生活中出现僵局或困难的时候,找到了方法,一切问题都能够迎刃而解。

方法决定成效,因为方法是一门工具,有了工具工作就简单得多了。

有个小村庄,村里除了雨水没有任何水源,为了解决这个问题,村里的人决定对外签订一份送水合同,以便每天都能有人把水送到村子里。有两个人愿意接受这份工作,于是村里的长者把这份合同同时给了这两个人。

两个人中一个叫艾德,他得到合同后,便立刻行动起来。每日奔波于湖泊和村庄之间,用他的两只桶从湖中打水运回村子,并把打来的水倒在由村民们修建的一个大蓄水池中。每天早晨他都比其他村民起得早,以便当村民需要用水时,蓄水池中已有足够的水供他们使用。由于起早贪黑地工作,艾德很快就开始挣钱了。尽管这是一项相当艰苦的工作,但是艾德很高兴,因为他能不断地挣钱,并且他对能够拥有两份合同中的一份而感到满意。

另一个获得合同的人叫比尔。令人奇怪的是自从签订合同后比尔就消失了,几个月来,人们一直没有看见过比尔。这令艾德兴奋不已,由于没人与他竞争,他挣到了所有的送水钱。

比尔干什么去了?他做了一份详细的商业计划书,并凭借这份计划书找到了四位投资者，一起开了一家公司。六个月后，比尔带着一个施工队和一笔投资回到了村庄。花了整整一年的时间，比尔的施工队修建了一条从村庄通往湖泊的大容量的管道。

这个村庄需要水，其他有类似环境的村庄一定也需要水。于是，比尔重新制定了他的商业计划，开始向其他需要水的村庄推销他的快速、大容量、低成本并且卫生的送水系统，每送出一桶水他赚 1 便士，但是每天他能送几十万桶水。无论他是否工作，几十万的人都要消费这几十万桶水，所有的钱都流入了比尔的账户中。显然，比尔不但开发了使水流向村庄的管道，而且还开发了一个使钱流向自己钱包的管道。

从根本上说，你接受了什么样的理念，就决定了你站在多高的台阶上、你能看得有多远，而你按照什么样的方法来工作，则决定了你能走多远，能成为什么样的人。理念决定起点，方法决定你真正能够达到的人生高度。

"如无必要，勿增实体"成了人们处事的一个重要原则。把事情变复杂很简单，把事情变简单却很复杂。人们在处理事情时，要把握事情的主要实质，把握主流，解决最根本的问题。尤其要顺应自然，不要把事情人为地复杂化，这样才能高效率地把事情处理好。

工作中，我们会发现，一份常见的商业建议往往会有厚厚的一叠；一些高层管理者的计划书中，密密麻麻的都是目标。但优秀公司的制度一般都具有简洁的特征，宝洁公司就是个很好的例子。

宝洁公司的制度具有人员精简、结构简单的特点，该制度与宝洁公司雷厉风行的行政风格相吻合。在长期运行中，宝洁公司"深刻简明的人事规则"顺利推动后，效果良好。

宝洁公司品牌经理说："宝洁公司有一条标语——'一页备忘录'，它是我们多年来管理经验的结晶。任何建议或方案多于一页对我们来说都是浪费，甚至会产生不良的后果。"

宝洁公司的这一风格可以追溯到前任总经理理查德·德普雷，他强烈地厌恶任何超过一页的备忘录。他通常会在退回的冗长的备忘录上加一条命令："把它简化成我所需要的东西！"

如果该备忘录过于复杂，他还会加上一句："我不理解复杂的问题，我只理解简单明了的！"

聪明的人办事都讲究直接、简单。他们大都具备无视"复杂"的能力，他必须不为琐事所缠，他能很快分辨出什么是无关的事项，然后立刻砍掉它。

所有复杂的组织都会存在资源浪费和效率低下的问题，它使得领导者无法把目光专注在应该关注的事情上，相反，却进行着数目极其庞大的、昂贵的、无生产力的活动。因此，优秀的组合和个人要懂得给自身"减肥"，把事情简单化处理，使之更有效率、更有活力，从而得到更好的发展。

要想实现日事日清，让自己在职场中脱颖而出，让自己成为企业不可替代的优秀员工，就要按照卓越的方法，先进的工作理念去开拓自己的事业天地。

第七章

做最忠诚的员工

忠诚是一种职业道德

忠诚不仅仅是个人品质的问题，更会关系到企业和组织的利益。忠诚有着其独特的道德价值，并蕴含着极大的经济价值和社会价值。一个秉承忠诚的员工，能给他人以信赖感，让他人乐于接纳。在赢得他人信任的同时，他也容易为自己的职业生涯带来意想不到的好处。一个企业的经营不需要能力超群的人，但却需要对企业忠诚的品德高尚的人。

优秀的员工会将忠诚作为一种职业生存方式。既然选择了为某个企业工作，那就要忠诚于它。你的忠诚，迟早会得到应有的回报。

什么是忠诚呢？忠诚既是人的外在表现，也是内心要求。外在表现是忠，内心要求是诚。尽心于人谓忠，不欺于己谓诚。忠，是对企业利益的真心呵护；诚，是在维护企业利益上的言行一致。

作为员工，企业给我们提供了工作、福利待遇，给了我们安身立命、成长成才的平台，那么，试问，我们对企业的忠诚度有多高呢？

忠诚度，是考量员工素质的尺子。企业兴衰成败，与员工的忠诚度紧密相连。

企业发展壮大，除了要有一个运筹帷幄，一心把企业引领到快速健康发展轨道上的决策层外，还要有许许多多心系企业、爱岗奉献的忠诚员工，忠于职守、爱企如家。

企业要想发展好，就需要无论是哪个层面的员工，都将对企业忠诚放在第一位。共同的忠诚，能使人心往一处想，劲往一处使；共同的忠诚，能使人不生贪欲之心，廉洁奉公；共同的忠诚，能使人互相关爱，温暖每一个员工的心。

那么，怎么做才是忠诚于企业呢？

首先，要切实履行自己的岗位职责，这是对企业忠诚的核心内容。在自己的岗位上兢兢业业，恪尽职守，在企业创造经济效益、树立社会形象、培养人才中竭尽自己的智慧和力量。其次，要有强烈的责任感，自觉维护企业的合法利益。在企业利益即将遭受损害时，自己要勇于挺身而出，有多大力出多大力；要把心思用在企业建设上，为企业发展添砖加瓦。最后，要将个人的发展与企业的发展结合起来。企业是个人发展的平台，要勤学苦练，把自己的业务做深、做精，并力争达到一专多能，成为企业建设的栋梁之材。

尤其是在企业遇到危难的时候，要能够与企业患难与共、同舟共济。在企业需要的时候，要能够舍小家顾大家、不计得失、乐于奉献。

企业拥有了忠诚的员工，才能兴旺发达；企业兴旺发达，员工才能生活得舒心畅意。

每个企业的发展和壮大都离不开员工的忠诚。只有全体员工对企业心怀忠诚，大家才能心往一处聚，劲往一处使，发挥出团队的力量，使企业更快地驶向成功的码头，员工自己也能获得更大的成就感。

一家原本经营效益还不错的公司突然陷入了前所未有的危机。

老板觉得很对不起员工，就向员工宣布："公司的资金周转暂时出现了困难。如果有人想辞职，我会立即批准。如果是在过去，我会极力挽留大家的，可现在，我已经没有挽留的理由了。公司还可以给大家多发一个月的薪水，在你们找到新的工作之前，这些钱还可以支撑一些日子。如果你们继续留下来，可能就连薪水也领不到了，我不能误了大家的前途。"

"老板，我们不能走，我们不能在这个时候离开。"一个员工说。

"老板，不要灰心，我们一定能共同渡过难关的。"另一个员工也说。

"是的，我们大家都不愿意走。我们还有一些积蓄，这段时间我们可以先不领工资。"很多员工都表明自己的态度。

于是，全体员工各司其职，上下一心，共同努力，公司经营情况很快就有所好转。

后来，这家公司不但没有倒闭，反而比以前做得更好。再后来，这家公司的老板实行了新的薪金分配制度，给那些和公司一同闯过难关的人分红。

在用人时，企业不仅仅看重个人能力，而且更看重个人品质，而品质中最关键的就是忠诚度。在这个世界上，并不缺乏有能力的人，那种既有能力又忠诚的人才是每个企业渴求的理想人才。企业宁愿信任一个能力一般但忠诚度高的人，也不愿重用一个朝三暮四、视忠诚为无物的人，哪怕他能力超凡。

你忠诚地对待你的企业，企业也会真诚地对待你；你的敬业精神增加一分，别人对你的尊敬就会增加两分。哪怕你的能力一般，只要你真正表现出对企业的忠诚，你就能赢得企业的信赖，企业就会愿意在你身上投资，给你培训的机会，提高你的技能。

我们要认可企业的运作模式，保持一种和企业同命运的事业心。即使出现分歧，也应该树立忠诚的信念，求同存异，化解矛盾。当上司和同事出现错误时，坦诚地向他们提出来。当企业面临危难时，与它共渡难关。

员工对企业的忠诚是一个企业发展的力量来源，也是个人成长的力量，是一种稳中求进的方式，因为每个企业的发展和壮大都是靠员工的忠诚来维持的。如果所有的员工对企业都不忠诚，那这个企业的结局就只能是破产，那些不忠诚的员工也自然会失业。所以，企业的命运和员工的命运是紧密相连的。

忠诚并不仅仅意味着不背叛你的老板。忠诚更多的内涵是，你对老板的信任与欣赏，对企业前景的乐观估计，对周围环境的感激，对企业在风雨中前行的由衷敬意。换言之，就是对企业的关切，或者说是对企业的爱。只有爱你的企业，你才会对它忠诚，你才能与企业融为一体。只有企业发展了，你才能发展。

忠诚固然不是只强调一方就能让人满意的，但它毕竟是一方对另一方的单向承诺与付出。也许你的上司是一个心胸狭隘之人，不能理解你的真诚，不珍惜你的忠心，那你也不要因此而产生抵触情绪。上司是人，也有缺点，也可能因为太主观而无法对你做出客观的判断，这个时候你应该学会自我肯定。只要你竭尽全力，做到问心无愧，你就会在不知不觉中提高自己的能力，争取到未来事业成功的砝码。

忠诚于企业最基本的一点就是绝对不能做有损于企业的事，不要背叛你的企业。很多人在职场中一直都是抱着"骑驴找马"的心态，先保留好自己的实力和能力，好像很怕自己的能力用错地方形成浪费，又好像很怕自己的能力越发挥越少，因此他们对于自己的付出斤斤计较，总是希望能够等到真正值得他们全力以赴时才愿意付出。有这种心态的人，会抱着"领多少工资就做多少事"的心态做事，而且做事也是照着自己的标准在做，而不是照着企业的标准在做。他们还会把企业当成是过渡时期的"旅店"，对事不认真，对物不珍惜，对人不感恩，眼中只有自己，总在寻找下一个工作。

忠诚是企业的需要，也是个体的需要，个体依靠忠诚立足于职场。忠诚不是一种纯粹的付出，忠诚会有丰厚的回报，个体是忠诚最大的受益人。虽然你通过忠诚工作所创造的大部分价值并不属于你个人，但你将在职场上变得更具有竞争力，你的名字也会因此而变得更具含金量。

👍 员工要对企业忠诚

忠诚是对自己职业的无限尊敬，能够为自己的职业而奋斗不息。当怀有这样的忠诚之心时，你会毫无怨言地付出。当你真正付出后，会收获到来自心底的快乐。因此，要在工作中认真踏实地做好每件小事，不为自己留有遗憾。

如果说智慧和勤奋像金子一样珍贵的话，那么还有一种东西更为珍贵，那就是忠诚。忠诚不仅仅是品德范畴的东西，它更是一种生存的必备品质。

如果一个人失去了对企业的忠诚，那他也就失去了做人的原则，失去了成功的机会。

这个世界并不缺乏有能力的人，那种既有能力又忠诚的人才是每一个企业渴求的最理想的人才。那些忠诚于老板，忠诚于企业的员工，都是能尽心尽力去工作的员工，他的忠诚会让他达到常人想象不到的高度。

忠诚并不是任何一个企业强加给员工的，而是员工自始至终都必须具备的一种职业道德。也就是说，从员工身上所体现出的忠诚，并不是对某个企业或者某个人的忠诚，而是一种职业的忠诚，是承担某一责任或者从事某一职业所表现出来的精神。

如果你在职场上能够将对领导个人的忠诚，升级为对企业的忠诚，那你的地位就会更加稳固了。然而，想要做到对企业的忠诚，并不是一件容易的事情。

作为员工，我们更应该在职场中培养自己的忠诚意识，让自己成为一名忠诚于企业的员工。

惠普公司有一位叫戴蒙的工程师。他所在部门的工作是研发一种新的显示器。戴蒙和同事们一起拼命工作，但项目进展不大。突然有一天，他们接到公司通知，领导让他们放弃这个研发计划。

同事们接到这个通知，都停下了手里的研发项目。但是，戴蒙不但没有放弃研发，反而加快了进程。他熬夜做好模型。在去夏威夷度假时，他向那里的游客展示自己的模型，征求他们的意见。结果出乎戴蒙的意料，许多人对他的模型非常感兴趣，都纷纷询问这种产品何时上市。大家的积极回应更坚定了戴蒙继续研发下去的决心。

不久，公司总经理知道戴蒙依然没有放弃这个项目后，亲自下令让他停掉这项研发。但戴蒙依然没有听。他又熬了几个通宵，将产品设计好。然后，他走进总经理办公室，想方设法说服总经理将这种显示器投入生产。结果，总经理被他的执着打动了。这种产品投入市场后，销售直线上升，为公司赚取了上千万美元的利润。

在年底召开的员工大会上，总经理亲自为戴蒙颁奖，对他的执着精神表示鼓励和奖赏。

真正的忠诚不是对领导的忠诚，而是对企业的忠诚。只有对企业忠诚的人才会将企业的事情当成自己的事情，才会对自己负责，对企业负责。在工作中，我们也要一门心思扑在自己的工作上，不要在意领导怎么看自己，更不要在意别人的看法。

毕业后，小卫和小刘一起到了一家计算机软件公司，负责办公软件的设计开发。这个公司的规模不是很大，注册资金只有10万元。他们之所以愿意去，一是背井离乡急于安身，二是因为老板许诺给他们公司股份。老板比他们大不了几岁，看上去完全是一副书生模样，态度很诚恳。

可是，他们进公司后才知道，连这10万元注册资金可能都有水分，更要命的是，产品没有品牌，只好赊销，还常常收不回货款，因为资金储备少，渐渐地，公司连员工的工资都无法按时发放。

三个月后，小卫动摇了，劝小刘也不要干了。小刘也有些动摇，但是一看到老板每天没日没夜地奔波和诚恳的眼神，又不忍开口了。他想，反正自己还年轻，就算帮帮老板，即使以后公司垮了，也算积累点儿人生经验吧。结果，小卫走了，小刘决定留下来。从那以后，小刘就成了老板的左膀右臂。不久，公司资金链条断裂，濒临绝境，留下的几个人也走了，只剩下小刘和老板两个人。

老板对小刘说："委屈你了，哥们儿。"小刘乐观地对老板说："什么也不用说了，只要你一天把公司开下去，我就一天不离开这里。"他们同吃同住，无话不谈，成了真正的患难之交。

半年后，老板筹集到了新的资金，公司重新运转。由于产品质量上去了，买家愿意先付款，公司的局面一下子打开了，他们终于掘到了自己的"第一桶金"。

接下来，公司开始招兵买马，发展壮大，仅短短的几年时间，就成为行业内大名鼎鼎的软件公司，小刘也被提拔为公司的副总兼技术总监。

后来，老板问小刘："老弟，你知道我为什么能这样支撑下来吗？"

小刘说："因为你是打不垮的，否则我也不会留下来。"

老板却说："不，其实当人们纷纷离我而去的时候，我就想关门了。可是，你让我找回了信心，我想只要有一个人留下，就证明我还有希望。我知道，当时如果你走了，我肯定会支撑不下去的！"

最后，为了感谢小刘在最黑暗的日子里带给自己的光明、希望和勇气，老板给了他公司 10% 的股份。

现实中，我们有时不得不将自己的现实利益放在最重要的位置。但是，我们毕竟也是有血有肉的人，也会在某一个阶段遇到许多难处，也希望有人能够雪中送炭，而不是釜底抽薪。站在这个角度上去考虑，作为企业的员工，我们不应该在企业遇到困难，急需人手的时候选择离开，这就是一种忠诚。这种忠诚也许不会立即给我们什么现实利益，但这必将为我们赢得多数人的赞誉，并获得更大的财富。

对于员工来说，忠诚能带来安全感。因为忠诚，我们不必时刻绷紧神经；因为忠诚，我们对未来会更有信心。

员工忠于企业最直接的行为就是融入企业，和企业成为一个共同体。一个人一旦成为某个企业的一员，他事实上就接受了企业既定的规则、惯例、人际关系等。他接受这一切，并将它们变成自己的价值观念；他把"忠于企业"变成了一种信仰的原则，并据此看待他人。可以说，这种忠诚是牢不可破的。

作为员工，应该与企业的经营理念保持一致，遵守企业的生产经营方式，为企业发展出谋划策，与企业同舟共济，始终坚持企业利益为先。

忠诚是人类最重要的美德之一。忠诚是件无价之宝。那些忠诚于企业、忠诚于老板的员工，都是企业重视、老板重用的员工。这样的员工，懂得珍惜自己的工作，能够积极地为企业献计献策。而且，在危难时刻，这种忠诚会显现出它更大的价值。

👍 自觉维护企业荣誉

企业荣誉会促使一个人能够认真对待工作，逃避一切借口，并且规避一切不利于公司的行为。为了集体荣誉，我们会更好地与企业的其他成员合作，融入集体。可以说，荣誉感是一个企业的灵魂。

声誉是一家企业极其重要的无形资产，是企业的脸面，也是企业内每一个员工的脸面。别以为维护企业声誉只是上司和老板的责任。每一位员工，都要像爱护自己的脸面一样爱护企业的声誉，保护企业的品牌。

良好的企业形象是一种财富，具有巨大的吸引力。我们知道，许多名牌企业、名牌商品的无形资产是难以估价的，它远远超过了其本身的价值，它在社会生活和生产竞争中占有明显的优势。一个企业良好的组织形象，可以为它的产品消费者创造充足的消费信心，可以帮助它吸引社会资金，找到可靠的原材料供应渠道和满意的合作伙伴。

良好的企业形象是一笔巨大的无形资产，一个企业拥有良好的企业形象，不仅可以得到社会公众的信赖，而且能激励企业内部员工的士气，并形成良好的工作氛围。

企业荣誉为先，只有企业有了荣誉，自己才会有更高的荣誉。一个只有个人荣誉的人终将会被这个社会淘汰。所以，员工应站在更高的角度关心企业的发展，要有统观全局、服从全局的思想，将企业荣誉放在第一位，追求整体效应。

一个成熟的员工必须具备集体荣誉感，并且努力使这种自觉成为习惯，在日常工作中自觉维护集体的声誉。比如接打电话时，即使老板不在你身边，也应该注意语气，体现出你的素质与水平，展示企业的形象。微笑着平心静气地接打电话，会令对方感到温暖亲切。不要认为对方看不到自己的表情。其实，你在打电话的语调中已经传递出是否友好、礼貌、尊重他人等信息了。也许正是因为你不经意的冷淡和鲁莽，吓走一个潜在的客户，使企业利益遭受不必要的损失。

卡特是某知名饮料公司的营销经理。MBA 毕业后，他来到一家公司，从一名普通职员干起。如今已经做到了部门经理的位置，成为公司出色的员工之一。卡特非常喜欢现在的工作，因为这份工作充满了新奇与挑战，更因为公司环境氛围好，使他在这里工作很快活。

时间如白驹过隙，十年的时光一转眼就过去了。

十年后的某个周末，卡特终于可以闲下来了。他陪着妻子去逛超市。妻子每次逛超市，都要满载而归才能尽兴，而他则跟在后面"卖苦力"。逛着逛着，卡特看见自己公司销售的饮料品种齐全，顾客众多，摆在卖场最显眼的位置，这使他心里涌出一种自豪感。

突然，卡特发现，一箱饮料的商标上有一道非常刺眼的划痕，看起来很不舒服，很显然是卖场员工在搬运时不小心划的。他将这箱饮料挪到其他饮料的后面。但转念一想，前面的饮料卖完后，它又会露出来，依然会被顾客看到。想到这里，他干脆把这箱饮料放到购物车上，自掏腰包买回家去。

妻子发现后，问卡特："家里已经有足够多的饮料了（每月公司都会给员工发饮料），为什么还要买它呢？"卡特指着商标上那道划痕说："这是我的脸，脸上有污痕，会给别人留下不好的印象！"

我们从这个例子中看到的是一个热爱工作、热爱企业的优秀员工，一个把团队荣誉与自我形象紧紧联系在一起的优秀员工。

荷兰菲利浦电器公司总裁曾说："目标、信念与人构成三位一体，形成企业形象，而企业形象，实质就是企业员工个人形象的集合。作为企业的一员，精心维护企业形象是责无旁贷的。"

　　我们生活在社会中，企业就像自己的名片一样。企业有了良好的社会声誉才能在激烈的市场竞争中得到生存和发展，个人的价值才能得到实现。如果企业的声誉、形象受到损害，那么个人的价值也同样会受到损害。

　　而反观当今不少上班族，聚会时总是喜欢声讨各自企业的种种"不是"。曾经有一个培训老师在"朋友圈"里诉说自己的各种苦闷，发表"做不完的工作，少得可怜的薪水，感觉度日如年"之类的文字。她的上级看到了，直接在她的"朋友圈"发表评论："既然如此难受，你为什么不辞职？"

　　这个上级的评论可谓一针见血。心存不满，可以找上级沟通解决，解决不了，甚至可以通过相关部门来仲裁，何必在网上散发不利于企业声誉的信息？这不仅损害了企业的声誉，同时也损害了自己的职业声誉。这样的员工，试问哪家企业愿意接收？

　　随着社会的发展，各个领域不断被细化，工作各个触角深不见底，人与人之间的交流日益增多，社会已经成为一个相互交错的网，相互依存。当今社会，每个美好的事物背后都有他人的力量，荣誉也是这样。每个人一生都会取得各种荣誉，每一个荣誉背后都有很多人的支持和陪伴，它是团队智慧的结晶。一个人的荣誉体现着团队荣誉，而团队荣誉是个人荣誉的基础和归宿。

　　一旦你加入了某个企业，你和企业的命运就紧密地拧在了一起，企业的兴衰荣辱也就是你的兴衰荣辱。团队给外界的形象，是你们的产品，而产品是由人生产出来的，归根结底，你的一言一行都代表着这个集体。

　　维护企业形象的前提是树立荣誉感，以企业为荣，以成为企业的一员为荣。在热爱企业的问题上，一个优秀的员工不仅应时刻秉持这样的观点，更要落实到行动上。如果你仅仅把企业当作谋生的场所而缺少这种荣誉感甚至厌恶你的企业，那么离开也许是最好的选择。在这种心态的支配下，可以断定你不会做出什么成绩。

优秀员工总是会把企业声誉放在第一位，无论何时何地都最大限度地维护它。他们懂得：员工与企业的关系就如同手足和身体，不能只看到自己，而应站在更高的角度关心企业的发展。

即便是离职，而且是在不欢而散中离职，也没有必要诋毁原有的企业。这是一种成熟的态度，也是基本的职业操守。

保守企业的秘密

身处在职场之中，你应该忠诚于自己的公司，做一个能为公司保守秘密的人。不论处在什么样的职位，都有责任和义务为公司保守秘密。

作为员工，一定要守住企业的机密。不该问的不问，不该说的不说，企业的各种事情都不可以随便宣扬，要绝对守口如瓶。说出企业的机密是一种隐性的不忠诚，可以说是职场的定时炸弹。

现实生活中，总是充斥着各种各样的诱惑。一个优秀的员工永远不会被利欲所诱惑而做出违背道德原则的事情。如果一个人为了一丁点儿利益就出卖企业的话，那么这样的人在世界的任何角落都不会受欢迎，因为他出卖的不仅仅是企业的利益，还有他自己的尊严和人格。哪怕是从他手中获得利益的人，也会从心底里对他产生鄙夷。

某公司销售部李经理和高层发生意见分歧，双方一直未能达成共识，为此，李经理耿耿于怀，准备跳槽到另一家竞争对手公司。李经理一方面是出于私愤，另一方面是为了向未来的"主子"献殷勤，便想尽一切办法把公司不同区域的报价以及不同客户的报价通过QQ、电子邮件告诉了下游客户，使得市场乱成一团，并引发了很多市场纠纷，从各地市场打来的电话几乎将公司电话打爆。这还不算，他还打电话给当地工商、税务，说公司的账目有问题，虽然最后查证无此嫌疑，但却给公司带来了很大的不良影响和损失。

收到自己满意的"成果"后，李经理去向竞争对手公司邀功请赏，没想到该公司老总见李经理是这般对待老东家，便开始担心：谁知道他以后会不会又如此对待自己的公司呢？身边有这样的一个人，不就像是埋下了一个随时可能爆炸的定时炸弹吗？谁还敢用？结果自然是没有录用他。

作为员工，不要忘了自己的角色：你需要为企业争得利益，一起发展，而不是为自己牟取私利。只有企业发达了，你才会跟着发达。有时企业与你个人在利益上也会发生冲突，这时，千万不要为了自己的利益而把企业利益置之度外。

忠诚是一条双行道。付出一份真诚，你将收获一份信任。不管你的能力是强是弱，一定要具备忠诚的品德。只有你真正表现出对企业的忠诚，你才能得到老板的信任。只有认为你是值得信赖和培养的，老板才会乐意在你身上投资，给你培训的机会，从而提高你的能力。

像很多成功的世界500强企业一样，微软公司也把员工视为最宝贵的资产。公司经常为它所雇用的忠实可靠的、致力于发展高质量产品、程序和业务的人才而感到自豪。

在比尔·盖茨的微软公司，这个世界著名的"工作狂"的乐园里，员工的使命感相当强烈，求知欲极其旺盛，忠诚度也极高。根据业界调查显示，微软的人才流动率在 IT 业中是最低的，这与其独具特色的用人机制是分不开的。

比尔·盖茨曾总结出卓越员工要具备的"十大准则"，而在这"十大准则"中，他将"忠诚"列于榜首。在员工的忠诚度上，微软认为，员工的学识与经验都是可以通过后天补充的，而可贵的品质却绝非短时期内能够形成的。

作为一个员工，如果你能忠诚于你的企业，对工作负责，那么你肯定会获得成功。因为，由于你的忠诚和不断的努力工作，企业才得到了长足的发展。作为老板，最先赏赐的自然就是你。你为企业付出忠诚，企业也会用忠诚来回报你。你将会得到老板的赏识，这样你自然就能脱颖而出了。

现代社会的竞争压力日益加大，任何一家企业都面临着各种各样的危机与挑战。作为企业中的一名员工，只有能为企业保守住秘密，才是值得信赖的员工，才会受到企业的欢迎。对于那些不讲信誉，随便将企业秘密外泄的员工，无论走到哪里都是不会受到欢迎的。

一个被企业列为机密的东西就是这家企业赖以生存的根本。作为企业的员工，绝对不能因为一点点利润而出卖企业。无数事例表明，任何一个出卖别人的人、出卖组织的人都没有好下场。

尤其对于现在的商业时代来说，处处充满了忠诚的最大陷阱——诱惑，一不小心我们就会迷失自我。面对诱惑，不少人经不住考验，丧失了忠诚，出卖了一切，员工欺骗老板，企业欺骗消费者，一环欺骗一环，形成了一个恶性循环。殊不知，当你出卖同事，出卖老板，出卖一切的时候，也将自己给彻底地出卖了。

这是因为，当你没有能够守住底线，选择背叛的时候，你就会让你的周围产生严重的信任危机。结果，在大家的眼里，你就变成了一个不诚实、不讲信用的"叛徒"，一旦你给人以这样的印象，你就前途堪忧了。忠诚的人就是能为公司保守秘密的人。如果不能为公司保守秘密，就是对公司的一种不忠诚的表现。这样的人，即使再有才能，也不会被录用。

古今中外，人们对背叛者无不嗤之以鼻、口诛笔伐。稍微精明一点的企业老板，也都明白这个道理：一个员工，即使他很有能力，如果他今天能背叛 A 企业，明天出卖 B 企业，那后天一定会既背叛又出卖自己。

在中国，人们常说"知恩图报""投之以桃则报之以李"，最忌讳的就是"吃里爬外"。在职场上，不为企业保守秘密的员工不会受到其他企业的欢迎。如果你出卖了企业的机密，那极有可能会受到法律的制裁。因此，不管是从自身来讲，还是从职业道德来讲，都要努力做一个能保守秘密的员工。

忠诚于企业，忠诚于老板，实际上就是忠诚于你自己。每家企业的发展和壮大都需要员工的忠诚来维护。如果所有的员工都对企业不忠诚，那么企业必然会走向破产，那些不忠诚的员工自然也会失业。只有所有的员工都对企业忠诚，企业才能走向成功，员工才能发挥团队精神。也只有忠诚，才能使员工充分发挥自己的潜力，在各自的岗位上奋发进取，和自己的企业一起成功。

第八章
做最敬业的员工

以"零缺陷"的标准去工作

众所周知，一家企业若想在市场竞争中屹立不倒，就必须拥有一流的产品和服务。那问题来了，判断产品和服务是否一流的标准又是什么呢？毫无疑问，简简单单的三个字—— 零缺陷。而要想做到这一点，企业的每一位员工必须恪尽职守，全力以赴地去工作，最后用百分之百的负责精神换取一个完美的工作成果。

有一家生产降落伞的工厂，他们制造出来的产品从来都没有瑕疵，也就是说，他们生产的降落伞从来没有在空中打不开的不良记录。

有一位记者觉得这不太可能，于是他找到这家工厂的负责人，希望能够借采访打探出生产零缺点降落伞的秘诀。记者首先恭维老板的英明领导与经营有方，随后简明扼要地说明来意。老板说："要求降落伞品质零缺点是本公司一贯的政策，想想看，在离地面几千米的高空上，万一降落伞打不开的话，那么使用者在高空跳落过程中岂不是魂飞魄散？人命根本就没有受到应有的重视！"话毕，老板又漫不经心地说："生产这类产品其实并没有所谓的奥秘！"

老板的话令记者一脸狐疑，他仍不死心地追问："老板，您客气了，我想其中一定有诀窍，否则，贵工厂的产品怎么可能有这么高的品质？"

此时，老板嘴角露出一抹微笑，他淡淡地说："哦，要保持降落伞零缺点的品质，其实是很简单的，根本就不是什么艰深难懂的大道理。我们只是要求，在每一批降落伞出厂前，一定要从整批的货品中随机抽取几件，将它们交给负责制造该产品的工人，然后让这些工人拿着自己生产的降落伞到高空进行品质测试的工作……。"

乍一看，这位工厂老板最后的回答相当幽默，但细细思量一番，就会感到脊背发凉。如果我们是这家工厂负责生产降落伞的工人，我们肯定不敢对自己的工作掉以轻心，否则，那最后拿到质量不过关的降落伞，白白丢掉性命的就很有可能是我们自己。

20世纪60年代初，菲利浦·克劳士比提出"零缺陷"思想，并在美国推行零缺陷运动。后来，零缺陷的思想传至日本，在日本制造业中得到了全面推广，日本制造业的产品质量得到迅速提高，并且领先于世界水平。而菲利浦·克劳士比本人也因此被誉为"全球质量管理大师""零缺陷之父"和"伟大的管理思想家"。

其实，很多人不知道，"零缺陷"的理论核心正是："第一次就把事情做对。"众所周知，在实际的工作中，每个人都难免会犯下错误，但"零缺陷"理论要求我们树立"不犯错误"的决心。

也就是说，我们必须提高自己对产品质量和服务质量的责任感，全力以赴地去工作，争取一点儿错误也不犯，将工作做到位。

海尔集团首席执行官张瑞敏说过："有缺陷的产品，就是废品！"除了字面上的意思外，这句话还可以换个角度来理解，那就是生产出有缺陷的产品的员工，就不是一个对工作全力以赴的、有担当的好员工。

去过海尔集团参观的人都知道，海尔展览馆存放着一把大铁锤，海尔人认为这把大铁锤是海尔发展的功臣。原来，这把大铁锤的背后藏着一个发人深省的故事。

1985年，张瑞敏刚到海尔（时称青岛电冰箱总厂）。那时，冰箱的需求量很大，海尔生产出来的冰箱都能轻松地卖掉。

1985年4月，张瑞敏收到了一封用户的投诉书，说海尔冰箱质量有问题。这封投诉书让张瑞敏意识到问题的严重性，他随即突击检查了仓库，发现共有76台冰箱存在各种各样的缺陷。

当时研究处理办法时，职工们意见：作为福利处理给本厂有贡献的员工。

可张瑞敏却说："我要是允许你们把这76台冰箱卖了，就等于允许你们明天再生产760台这样的冰箱。"

后来，海尔搞了两个大展室，展览了劣质零部件和76台劣质冰箱，让全厂职工都来参观。参观完以后，张瑞敏把生产这些冰箱的责任者留下，然后拿着一把大锤，对着冰箱就砸了过去，把冰箱砸得稀烂。紧接着，他又把大锤交给责任者，让他们把这76台冰箱全销毁了。

当时在场的人都流泪了。要知道，一台冰箱当时要卖八百多元钱，而每人每个月的工资才四十多元钱，一台冰箱就相当于一个人两年的工资。

那时海尔还在负债，并且这些冰箱也没有多少毛病，有的冰箱只是外观上有一道划痕。张瑞敏的这一举动无疑令很多人难以理解。但是，正是这一锤"砸碎"了过去陈旧的质量意识，"砸醒"了全体员工，这一锤让员工明白了：如果不按照"零缺陷"的标准去工作，海尔随时有可能倒下，所有人将失去工作！

这件事过后，"精细化，零缺陷"很快就成了海尔全体员工的工作信念。员工们一改往日马马虎虎、将就凑合的态度，全力以赴地投入到工作中，对于每一个生产细节都精心操作，绝不敢有丝毫的放松懈怠。

如今的海尔已从当初那家资不抵债、濒临破产的集体小厂发展为全球家电第一品牌的大公司，如此显著的变化，显然要归功于海尔员工"零缺陷"的工作标准。

不可否认，工作"零缺陷"并不是那么容易做到的事情，但只要我们把工作当作自己的事情来做，不放过任何错误，自始至终都以"零缺陷"的标准来工作，那总有一天我们会美梦成真！

敬业是员工最宝贵的品质

不管我们从事什么工作，都要尽职尽责，将工作做到最好，唯有如此，老板才会对我们另眼相看，对我们委以重任。

一位公司的老板到外面开会，在酒店安顿好后，他往公司办公室打电话。他先给办公室里负责发放纪念品的杰瑞打电话，问他纪念品是否已经发到了公司每个VIP客户的手上。杰瑞回答说："我在一周前已经把东西寄出去了。""他们都收到了吗？"老板问。

杰瑞说："我是让联邦快递送的，他们保证两天后送到。"

随后，老板又给负责材料的亨利打电话，明确开会所需材料的事情。亨利说："我的材料寄到了吗？""到了，秘书阿加莎在四天前就已经拿到了。"亨利说："但我给她打电话时，她告诉我需要材料的人有可能会比原来预计的多200人。不过别着急，我多准备了一些。事实上，她对具体会多出多少人也没有准确的估计，因为允许有些人临时到场再登记入场，这样我怕200份不够，为保险起见，我多准备了300份。我会和她随时保持联系，你们可以在第一时间找到我。"

亨利对工作的尽职尽责让老板非常感动，开完会后，老板立即提拔亨利当他的秘书，并要求所有员工都向亨利学习，努力将工作做到最好、最细致。

其实，杰瑞的工作表现也谈不上不负责任，只是和亨利相比，他还有很多地方没有考虑到位。当老板问他公司的VIP客户是否收到公司赠送的纪念品时，他显然没有给出一个明确的答复。

可以看到，亨利为了让老板更放心，他不只做好了老板交代的事情，还全面考虑了有可能出现的意外情况。他清醒地意识到，自己在工作中的每个失误都将对结果产生负面影响，所以他竭尽全力，将能做的事情全部做好，并时刻待命。

卡耐基说过："成功毫无技巧可言，只不过是对工作尽力而为。"别小看"尽力而为"这四个字，它可不仅仅是一句简单的口号，当我们真正将其落实到工作中去时，我们会发现，对工作尽职尽责，需要我们毫无保留地付出大量的时间、精力和汗水，这显然不是一般人随便喊两句口号就能轻松做到的！

1991 年，一位名叫坎贝尔的女子独自徒步穿越非洲，她不但战胜了森林与沙漠，更跨越了旷野。当有人问她为什么能做出如此壮举时，她回答说："因为我说过我一定能，而且我在全力以赴地去做。"

当然，我们的工作或许不像徒步穿越非洲那么艰难，但如果我们不像坎贝尔那样全力以赴地去做的话，那最后等待我们的肯定不是一个完美的结局。

总之，养成对什么事情都尽职尽责、全力以赴的习惯后，我们就找到一把打开成功之门的钥匙。当我们以尽职尽责的态度去做事情的时候，全身的力量都集中到一起，就像一把锋利的匕首，能刺破任何困难和阻挠。

程喆是一家销售公司的普通员工，有一次他遇到了一个难缠的客户。在会谈前期，这位客户本已和他对买进产品的数量、价格等都达成了共识，然而当要真正成交时，对方又临时改变了主意。

当时，程喆的处境十分尴尬，这要是换成其他人，八成会选择放弃这单生意。但程喆却想到，如果能谈成这笔业务，那不仅自己会从公司拿到一笔数额不小的提成，最后还能让公司的发展迈上一个新的台阶。于是，程喆不允许自己放弃，他把自己所有的精力和时间都用上了，此次背水一战，只能赢不能输！

他一次次地和那位客户面谈，阐述了其中的利弊。终于，在他的努力下，这位拿不定主意的客户在订单上签了字。

通过这个故事，我们不难发现，尽职尽责、全力以赴的工作态度，能点燃我们身体内潜藏的能力，鞭策我们将工作做到最好。

俗话说，世上无难事，只怕有心人。一个人在什么地方花费时间和精力，那他就会在什么地方真正有所收获。要知道，每个人在工作中难免会碰上一些棘手的问题，这个时候，如果我们选择放弃和逃避，那最后只会一无所获；反之，如果我们像一个勇士那样直面问题，那所有的困难都将迎刃而解。

作曲家威尔第说过一句话："在我作为音乐家的一生中，我一直都在为追求完美而奋斗。但是，这个目标总是在躲避我，因此，我真切地感觉到一种担当，觉得应该再努力一次。"其实，面对工作，担当是永远没有上限的，我们只有无穷无尽地付出，将全部的精力和时间致力于某一件事，才能真正获得成功。

敬业激发工作热情，热情保证事业成功

一个具有敬业精神的员工，往往对自己的工作也充满着热情，这种热情能激发他们自身的潜能，帮助他们对成功发起一次又一次的冲刺。

热情对于每一个职场人士来说就如同生命一样重要，如果我们失去了热情，那就无法在职场上生存。凭借热情，我们能让自己永远都保持着高昂的工作斗志；凭借热情，我们可以把枯燥乏味的工作变得生动有趣，永远都不会让自己感到无聊；凭借热情，我们还能感染身边的同事和领导，从而让自己收获良好的人际关系。

梭罗在他的著作《瓦尔登湖》中曾说过："一个人如果充满热情地沿着自己理想的方向前进，并努力按照自己的设想去生活，他就会获得平常情况下料想不到的成功。"工作何尝不是这样呢？只要我们凡事尽职尽责，自会激发出巨大的工作热情，而热情自然会保证我们在事业上收获成功。

国王和王子打猎途经一个城镇，空地上有三个泥瓦匠正在工作。国王问那几个匠人在做什么。

第一个人粗暴地说："我在垒砖头。"

第二个人有气无力地说："我在砌一堵墙。"

第三个泥瓦匠热情洋溢、充满自豪地回答说："我在建一座宏伟的寺庙。"

回到皇宫，国王立刻召见了第三个泥瓦匠，并给了他一个很不错的职位。王子问："父王，我不明白，你为什么这样欣赏这个工匠呢？"

"一个人将来有多成功，最终是由他做事时的态度决定的。"

国王回答说，"工作充满热情的人可以看到事业最后的结果，不会被眼前的困难吓倒，而是用这种对结果的预期鼓励自己去努力，去克服可能遇到的各种困难。"

可以看到，这三个泥瓦匠若是生活在现代，第一个人仍然在"垒砖头"，第二个人可能成为一个工程师，而第三个人则会拿着图纸指指点点，因为他是前面两个人的老板。

这个故事告诉我们一个道理，对自己的工作充满热情，不但能从中享受到快乐，还能在事业上大有作为。

然而不幸的是，在现实生活中，对自己的工作充满热情的人少之又少。很多人早上从睡梦中醒来，一想到待会儿要去上班，心情立马跌落到谷底。等磨磨蹭蹭地到达公司后，他们无精打采地开始一天的工作。好不容易熬到下班，他们才一扫低迷的情绪，变得精神抖擞起来。

其实归根结底，这都是对工作缺乏敬业精神的表现。在他们的眼里，工作只是自己养家糊口的差事，老板出钱，自己出力，属于等价交换，完全没必要太过认真。所以，抱着这种不愿担当的消极心态，他们没有一丝工作热情，平时只像老黄牛拉磨一样，别人催一下，自己动一下，懒懒散散，得过且过。

毫无疑问，这种员工最不受老板待见。要知道，在企业里，老板最喜欢的永远是那些在工作中充满了热情和敬业精神的员工，因为他们不仅能将自己的工作做到最好，还能带动周围的人。

一个人工作时，如果能以火焰般的热情，充分发挥自己的特长，那么无论他所做的工作有多么艰难，他都不会觉得辛苦，并且迟早有一天他会成为该行业的巨匠。

在这个社会上，有很多人工作起来毫无热情，他们认为工作是苦差事，这是多么错误的观念啊！其实，工作是上天赋予我们的使命，当我们带着敬业精神去工作时，我们的工作热情会自然而然地喷涌而出，此时，我们就像一个冲向成功的急先锋，任何艰难险阻都无法阻止我们前进的脚步。

成功学大师拿破仑·希尔曾这样评价热情："要想获得这个世界上的最大奖赏，你必须拥有过去最伟大的开拓者所拥有的将梦想转化为全部有价值的献身热情，以此来发展和销售自己的才能。"

热情确实是做成任何工作的必要条件，它能激活我们全身上下的每一个细胞，帮助我们完成心中最渴望的事情。

总之，敬业能激发工作热情，热情能保证事业成功。不管我们从事何种工作，只要我们时刻记住这个真理，就能在职场上开辟出一片属于自己的广袤疆土，成为该领域最成功的专业人士，最后收获同事的欣赏和尊敬，以及领导的信赖和重用。

工作总是超越领导的期望

在职场打拼，我们都想成为老板眼中的优秀员工，可究竟做到什么程度才算是优秀呢？相信每一位员工都曾被这个问题困扰过。

有的人认为，优秀就是踏踏实实地把老板交代的工作做好，有的人则认为，优秀不仅是要完成老板分配的任务，还要制定一个更高的目标，努力超过老板预先的期望。毫无疑问，后者所定义的优秀才最契合老板的真实心意。

在工作中，如果我们完成的每一项工作都达到了老板的要求，那当然是一件好事，我们可以称得上是一名合格的员工，我们不会丢掉自己的饭碗，幸运的话，或许还有机会加薪升职，但是我们永远无法让老板刮目相看，永远无法成为老板的重点栽培对象。只有恪尽职守、全力以赴地去工作，超过老板对我们的期望，我们才能给他留下深刻的印象，让他眼睛一亮，才能让他在关键时刻想起我们，给予我们一个更大的舞台施展自己的才干。

刘一鸣是一个对工作十分负责的人，他不仅能将老板安排给他的所有事情做好，工作结果往往还能超过老板的期望。因此，老板对他的工作表现很满意，很快就提拔他为自己的特助，辅助自己处理日常的事务。

同事们都很佩服刘一鸣，认为他这种刚参加工作没多久的人会有如此快的晋升速度，肯定有属于自己的一套秘诀。于是，大家都跑去向刘一鸣取经，可刘一鸣每次"揭秘"都是一句话："哪儿有什么秘诀呀，把工作做好就行了！"对于这样的回答，同事们当然不买账，他们觉得刘一鸣是在刻意隐瞒，于是都很不满。

一次，老板需要一份文件，让公司的另一名员工小美打印。这时，刘一鸣刚好从旁边路过，他看到打印出来的文件，立刻皱眉说道："小美，你这样不行，赶快再重新打印一份，把字号调到小四，行间距调到1.5倍。"

小美疑惑地说道："不用吧，老板刚只说让我把这份文件打印出来，没说要调这调那呀！"听完她的话，刘一鸣严肃地说道："这可不行，我们做任何事情，都要超过老板的预期，他虽然只要求你打印一份文件，但身为员工，你有责任将这份文件打印得更清晰一点，这样老板看起来才更舒服。"

刘一鸣的话让在场的所有同事不由得点头称是，大家终于明白他成功的秘诀究竟是什么，那就是不仅完成任务，更要超出老板的期望。

在现实生活中，很多人面对工作只是老板让他们怎么做，他们就怎么做，从来都没想过要将工作做得更好。如果继续这么工作下去，他们的职场之路只会越走越窄，最后进入一个死胡同。要知道，对于老板来说，只有那些像刘一鸣一样能准确掌握自己的指令，并且主动将工作做得更好的人，才是他们苦苦寻找的优秀员工。

著名投资专家约翰·坦普尔顿通过大量的观察研究，得出了一条很重要的原理——"多一盎司定律"。所谓的"多一盎司定律"，意即只要比正常多付出一丁点就会获得超好的成果。约翰·坦普尔顿指出：取得中等成就的人与取得突出成就的人几乎做了同样多的工作，他们所做出的努力差别很小——只是"一盎司"，但其结果却经常有天壤之别。

面对工作，只要我们多一点点担当，在高质量完成任务的同时，再超出老板的期望多做一些事情，并将这些事情做得更完美，那肯定能让老板感到喜出望外。如此一来，老板势必会更加信任我们。

成功学的创始人拿破仑·希尔曾经聘用了一位年轻的小姐当助手，她主要的工作就是替他拆阅、分类及回复他的大部分私人信件，听拿破仑·希尔口述，记录信的内容。

有一天，拿破仑·希尔口述了下面这句格言：记住，你唯一的限制就是你自己脑海中所设立的那个限制。从那天起，她把这句格言深深地刻在了自己的心里，并付诸行动。她开始比一般的速记员提早来到办公室，而且在用完晚餐后又回到办公室，从事不是她分内而且也没有报酬的工作。

她开始研究拿破仑·希尔的写作风格，不等拿破仑·希尔口述，直接把写好的回信送到拿破仑·希尔的办公室来。由于她的用心，这些信回复得跟拿破仑·希尔自己所写的完全一样好，有时甚至更好。

她一直保持着这个习惯，直到拿破仑·希尔的私人秘书辞职为止。当拿破仑·希尔开始找人来补这位男秘书的空缺时，他很自然地想到这位小姐。实际上，在拿破仑·希尔还未正式给她这项职位之前，她已经主动地接受了这项职位。

这位年轻小姐的办事效率太高了，因此也引起其他人的注意，很多更好的职位对她虚位以待。对这件事，拿破仑·希尔实在是束手无策，因为她使自己变得对拿破仑·希尔极有价值。她的价值还不止于她的工作，更在于她的进取心和愉快的精神，她给公司带来了和谐和美好。因此，拿破仑·希尔不能失去她做自己帮手的风险，不得不多次提高她的薪水，她的佣金达到她当初来拿破仑·希尔这儿当一名普通速记员的四倍。

优胜劣汰一直是职场永恒不变的生存法则。那些在工作上达不到老板要求的人迟早会被淘汰；而那些刚好能达到老板要求的人，则会继续自己平淡的工作；只有那些超越老板期望的人，才会被单独叫进老板的办公室，老板会额外地给予他们一些极具挑战性的重要工作，让他们有机会磨炼自己，获得迅速的成长。

一流的责任心，创造一流的业绩

经常听见有员工抱怨工作太过繁重，薪水太过微薄，好像自己吃了多大亏似的，他们从来没有真正反省过自己，也没有意识到丰厚的报酬其实是建立在业绩之上的。也就是说，我们若想在职场上升职加薪，首先就必须创造出一流的业绩。

那一流的业绩又从何而来呢？毫无疑问，如果我们对工作缺乏一流的责任心，做事不认真，处处投机取巧，那我们是没办法创造出一流的业绩的。唯有在工作中恪尽职守、全力以赴，我们才能创造出突出的工作业绩，让老板对我们另眼相看。

费海凡是一家家具厂的采购员。由于企业计划进一步扩大生产规模，为了提高产品质量，增强市场竞争力，企业决定从东北地区引进一批优良木材，于是，公司派费海凡去采购这批木材。很多同事得知此事后，很羡慕他能有如此"肥差"，因为这次公司采购的份额很大，只要在报价上略施小计，最后肯定能捞不少的"外快"。

到了东北以后，费海凡并没有直接联系供货商，而是先到木材市场做了一番深入细致的调查。他联系到了几个同行，大家在一起交流后，费海凡发现自己所要采购的这批木材的市场价格比供货商开出的价格要低五个百分点。于是，费海凡对市场做了进一步的研究分析，很快就得到了供货商的价格底线。

费海凡并没有隐瞒这个事实，他立即将自己所掌握的信息向公司做了汇报，在接到公司要求他全权负责的通知之后，他才开始找供货商谈判。由于已经提前对市场做了调查，费海凡并没有被供货商的花言巧语所迷惑，最终以很低的价格签订了购买合同，为公司省了一大笔采购资金。

基于费海凡对工作认真负责的态度以及创造的一流业绩，他很快就受到了公司的重用，被任命为供应部门的主管经理。

通过这个故事，我们可以得出一个结论：一个人要想在公司里占有一席之地，就必须意识到，突出的工作业绩才最有说服力。换句话说，只有对自己的工作全力以赴，为公司赚取更多的利润，我们才能在职场中稳操胜券。

所以，每一位员工从进公司的那一刻起，一定要多问问自己"我能为公司做什么"，而不要问"公司能给我什么"。要知道，当我们凭借积极主动、认真负责的工作态度创造出一流的业绩时，我们的人生简历必然因此变得丰富多彩，公司老板也自然会看到我们的价值，从而在工作上给予我们更多宝贵的机会。

迈克尔是派希公司的一名低级职员，他有个外号叫"奔跑的鸭子"。因为他总像一只笨拙的鸭子一样在办公室飞来飞去，即使是职位比他低的人，都可以支使迈克尔去办事。后来，他被调入到销售部。

有一次，公司下达了一项任务：必须在本年度完成500万美元的销售额。

销售部经理认为这个目标是不可能实现的，私下里他开始怨天尤人，并认为老板对他太苛刻。只有迈克尔一个人在拼命地工作，到离年终还有一个月的时候，迈克尔已经完成了他自己的销售额。但其他人没有迈克尔做得好，他们只完成了目标的 50%。

很快，经理主动地提出了辞职，而迈克尔则被任命为新的销售部经理。"奔跑的鸭子"迈克尔在上任后的一个月里，投入忘我的工作。他的行为感动了其他人，在年底的最后一天，他们竟然完成了剩下的 50%。

不久，派希公司被另一家公司收购。当新公司的董事长第一天来上班时，他亲自点名任命迈克尔为这家公司的总经理。原来，在双方商谈收购的过程中，这位董事长多次光临派希公司，这位始终"奔跑"着的迈克尔先生给他留下了深刻的印象。

不难发现，如果迈克尔没有一流的责任心，他是不可能创造出如此骄人的业绩的，他也不可能获得比别人多的机会。

其实，对工作恪尽职守、全力以赴的表现之一就是创造出一流的业绩，唯有一流的业绩能给企业带来丰厚的利润。著名企业家松下幸之助先生说过："企业家不赚钱就是犯罪。"因此，作为企业的一员，我们每个人都要认真工作，处处为企业考虑，努力做一个业绩最好的出色员工。

在工作中，很多人误以为经验和资历是衡量能力的标准，其实不然。实际上，许多公司的管理者把业绩视为考核员工能力的标准，唯有业绩才能体现员工的价值。

所以，我们要时刻坚守自己的岗位，争取用一流的责任心，创造出一流的业绩，实现自己的梦想。

恪尽职守，成为不可替代的员工

据一份抽样调查显示，认为自身在本职岗位上具备绝对的竞争优势的白领仅占调查人数的 10.8%，有 23% 的调查者表示自己具备一定的优势，而剩下的 66.2% 的受访者则表示自己人微言轻，只懂一些基本技能，并不具备职场的核心竞争力。

在经济学中，有一个词语叫"替代性"，它是指如果商品的同类使用功能基本相同，那么其他的生产者也可以生产出同类的产品来替代你的产品，从而抢占市场份额。因此，一种商品的可替代性高，往往预示着它的价值不会很高。

换个角度看，人才其实也是一种特殊的商品，我们要想在职场上获得高薪，巩固自己的地位，就必须恪尽职守，全力以赴地去工作，让自己具备其他员工无法替代的能力，打造属于自己的职场"铁饭碗"。

文艺复兴时期，画家米开朗琪罗在一次修建大理石碑时，同他的赞助人教皇朱里十二世发生了激烈的争吵，米开朗琪罗为此感到非常愤怒，他甚至扬言要离开罗马。

当时，所有的人都觉得米开朗琪罗的行为实在太过大胆，这一下，教皇朱里十二世肯定会怪罪他，并撤销对他的赞助。但没想到的是，教皇朱里十二世不仅没有惩罚米开朗琪罗，反而和颜悦色地极力挽留他。

众人都很纳闷，教皇朱里十二世却心如明镜。他深知，即便没有他的赞助，米开朗琪罗也一定可以再找到一位新的赞助人，但他却永远无法找到另一个才华横溢的米开朗琪罗。

可以看到，米开朗琪罗虽然脾气火暴，但他对自己的工作向来是尽职尽责，同时他还拥有非同寻常的艺术才华，以至于身份无比尊贵的教皇朱里十二世也要礼让他三分。

可以毫不夸张地说一句，正是担当让我们变得不可替代，正是担当成就我们在职场的"铁饭碗"。要知道，在这个社会上，对工作尽职尽责的优秀人才，不管走到哪里，都为企业所需要。所以，我们需要做的，就是在工作岗位上恪尽职守，努力找出更有效率、更好的办事方法，提升自己在老板心目中的地位，最后成为老板心目中不可替代的卓越员工。

露宝是一个拥有四个孩子的42岁的母亲，她之前从事过文秘、档案管理和会计员等不少后勤工作。但这些工作她都做得不长，后来她一直在家里操持家务。

微软在创业初期，董事长比尔·盖茨想招一名女秘书，在众多应聘者中，露宝被盖茨看中了。盖茨认为公司在创业初期，百废待兴，各种事情都等着他去做，而内务方面的杂事更是繁多。此时，露宝无疑是一个最理想的人选，首先，她42岁，这种年龄有稳定性；其次，她多年在家操持家务，说明有内务管理方面的经验。

值得一提的是，当时的盖茨只有21岁，还是一个外形清瘦、头发蓬乱的大男孩。露宝得知年轻的盖茨是自己的老板后，心想，一个给人印象如此稚嫩的董事长办实业，恐怕会遇到很多困难，而身为他的秘书，自己有责任把后勤工作做好，尽力为其分忧解难。

就这样，露宝成了微软公司的后勤总管，她负责发放工资、记账、接订单、采购、打印文件等工作，从来都没让盖茨操心过。

后来，当微软公司决定迁往西雅图，露宝却因为丈夫在亚帕克基有自己的事业而不能跟着盖茨一起走时，盖茨对她依依不舍。临别时，盖茨还握住她的手，动情地说："微软公司永远为你留着空位，随时欢迎你来！"

三年后的一个冬夜，在西雅图微软公司的办公室里，比尔·盖茨正因后勤工作不力而烦恼。这时，一个熟悉的身影出现在门口。

"我回来了。"这个声音比尔·盖茨再熟悉不过了，因为那是露宝的声音。她已经说服了丈夫，举家迁至西雅图，继续为微软公司、为仍然年轻的董事长效力。

微软帝国的崛起，露宝实在是功不可没。年轻的盖茨影响了世界历史，而作为这位风云人物的秘书，露宝也获得了事业上的成功。

毫无疑问，当一个人高度负责地完成自己的工作时，这就说明，他在这个行业内已经是不可替代的。换句话说，一个敬业的人是永远不会失业的，露宝的故事刚好说明了这一点。正是因为露宝对工作的恪尽职守，她才将自己的后勤工作做得如此出色，最后牢牢地守住了自己在职场的"铁饭碗"。

一个拥有强烈的敬业精神、在工作中恪尽职守的人会在不知不觉中成长，他的能力会因为这种强烈的敬业精神而变得越来越强，这样的人，无论在哪个岗位上，都拥有自己的"核心竞争力"。

总之，身为员工，我们必须在工作中认真履行职责。当我们凭借恪尽职守在工作上表现突出时，自然可以得到领导的欣赏，从而谋得一个重要的职位，逐渐成就一番耀眼的事业。

面对工作，我们越是恪尽职守、全力以赴，最后越是能得到优待。我们每一个人都必须明白这个道理，唯有如此，我们才能打造职场"铁饭碗"，从此高枕无忧，不用担心自己会被残酷的职场所淘汰！

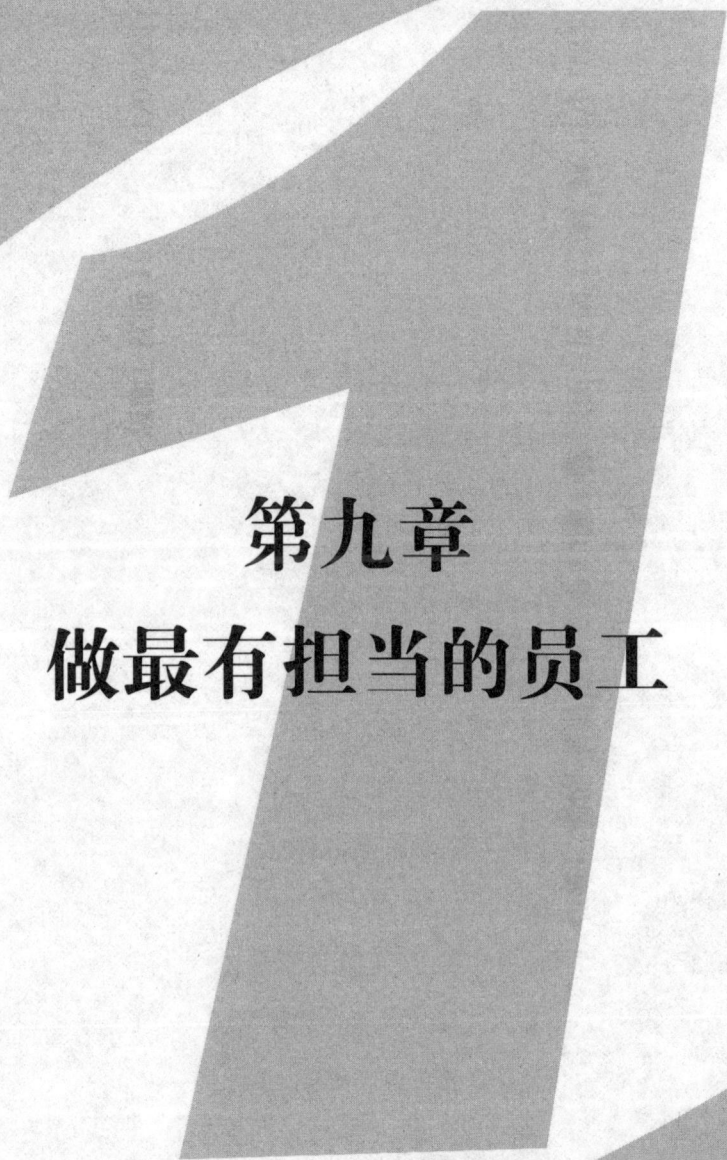

第九章
做最有担当的员工

躲得了责任，躲不了后果

在平时的工作中，谁也不希望出现失误，但人有失手，马有失蹄，一旦做错了事，我们还是不能选择逃避责任。要知道，躲得了责任，躲不了后果。

相信不少人曾陷入这样的误区：以为工作出现差错时，找借口为自己竭力开脱，就能成功躲避责任，从而保全自己。可事实并非如此，不管哪一家公司的老板，往往都能允许员工犯错，却不能容忍员工找借口推卸责任。

在老板看来，一个员工对待错误的态度可以直接反映出他对工作的负责程度。一个称职的员工，对于自己的工作就该一路担当到底，就算工作出了纰漏，也应该承担起属于自己的责任，而不是随便找个借口为自己开脱。

正如艾克松集团副总裁爱德·休斯所说："工作出现问题是自己的责任的话，就应该勇于承认，并设法改善。慌忙推卸责任并置之度外，以为老板不会察觉，未免太低估老板了。我不愿意让那些热衷于推卸责任的员工来做我的部下，这会使我不踏实。"诚然，老板不是傻子，当员工把事情办砸的时候，老板希望听到的绝不是"我不知道事情会变成这样""我已经尽力了""这不是我的错"等诸如此类的话。当然，或许工作出现问题真的不是我们的错，但我们不能抱有这样的态度，任何时候我们都应该直面问题，并想办法解决问题。

总之，躲避责任对任何一个人来说都是百害而无一益的，这不仅会影响我们的职场前途，还会让我们在旁人心中落得一个"毫无责任感"的名声。

黄建之是一家家具销售公司的部门经理。有一次，他听到一个消息：公司高层决定安排他们部门的人员到外地去处理一项难缠的业务。他知道这项业务非常棘手，要想妥善处理，并不容易，所以，黄建之提前一天请假。

第二天，领导安排任务，恰好他不在，于是，领导便直接把任务交给黄建之的助手，让他的助手转达。当助手打黄建之的手机向他汇报这件事情时，黄建之便以自己生病为借口，让助手替自己前去处理这项事务。而处理这项事务的具体操作办法，他在电话中也教给了助手。

半个月后，事情办砸了，黄建之怕公司高层追究自己的责任，便以自己告假为由，谎称自己不知道这件事情的具体情况，一切都是助手自作主张。他心想，助手是总裁安排到自己身边的人，出了事，让他顶着，在公司高层面前还有一个回旋的余地。假若自己来承担这件事的责任，恐怕自己会有被降职罚薪的危险。

当总裁知道事情的来龙去脉后，便立马辞退了黄建之。无奈之下，黄建之只好收拾东西离开了公司，从此，他在这个圈子的名声一落千丈，很多同行公司不愿意聘用他这样不负责任、不愿担当的员工。

黄建之一心以为自己能逃避掉责任，推卸担当，却没想到躲来躲去，最后都躲不掉被炒鱿鱼的糟糕结局。其实，对于他而言，最糟糕的还不是被公司开除，而是弄砸自己的名声，活生生切断了自己另谋他职的退路。

所以，若想成为一名优秀的员工，我们在工作中一定要努力避免推卸责任，逃避担当，不管遇到什么问题，都要拒绝找借口，主动承担起自己应负的责任。要知道，只有勇于承担责任，勇于担当，我们才能变得更加优秀。

现如今，老板越来越欣赏那些不逃避责任、勇于担当的员工，因为只有这样的员工才能使人信赖，老板可以放心地把工作交给他们。如此一来，他们的能力就能得到充分的发挥，同时，也为公司创造出巨大的经济效益。

孟朗泽来到汽车公司工作已经半年多了，一天，公司经理向他提出了一个要求："从现在开始，监督新机器设备的安装工作就由你负责，但是你不会加薪，你能接受吗？"

孟郎泽有些惊讶，因为他从来没有接受过这方面的训练，对图纸一窍不通。按理说，经理也应该知道他不是这方面的专家，可经理为什么会这样安排呢？孟郎泽突然意识到，这也许是经理给自己的一次考验。

所以，虽然经理说不会给他加薪，但孟郎泽还是决定试一试。

很快，他就利用自己建立起来的人脉，找了一些专业人员做安装，结果提前一个星期完成了任务，而且他还从中学到了许多新的知识。

经理对他的工作表现非常满意，当下就给他加了薪。后来，经理笑着对他说："当我给你布置任务时，我当然明白你看不懂图纸，但是假如你那时随意找个借口把这项工作推掉，别说加薪了，我可能当下就会把你辞掉。因为在我的认知中，一个不敢承担责任、没有担当精神的人，我是无法对其委以重任的。"

美国第16任总统亚伯拉罕·林肯曾说："逃避责任，难辞其咎。"作为企业的一员，我们只有勇于担当，不去寻找任何借口，才能在公司中有所发展。否则，我们躲得了责任，逃不掉后果，最后只能眼睁睁看着自己被职场抛弃。

借口是事业成功的绊脚石

美国著名成功学者皮鲁克斯有一句经典名言："借口，误人、害人！"这短短的六个字，向我们每个人直接道明了借口的危害。

借口的危害确实是巨大无比的，它会在不经意间慢慢地蚕食我们的诚实和自信、我们的热情和积极性、我们的担当意识和危机意识，最终摧毁我们的执行能力。可以毫不夸张地说一句，对于我们每一个在职场打拼的人来说，借口永远是我们事业成功的绊脚石。

众所周知，西点军校是世界上培育高效能军人的地方。两百多年来，西点军校为美国培养出了三位总统、五位五星上将、3700名将军及无数的精英人才。

不仅如此，大批西点军校的毕业生在企业界也获得了非凡的成就。可口可乐、通用公司、杜邦化工的总裁都出身于西点。美国商业年鉴的资料显示，第二次世界大战以后，在世界 500 强企业里面，西点军校培养出来的董事长有一千多名，副董事长有两千多名，总经理、董事有五千多名。

美国前总统罗斯福在几十年前就指出："在这整整一个世纪中，我们国家其他的任何学校都没有像西点这样，在我们的民族最伟大公民的光荣史册上写下如此众多的名字。"

不禁要问，西点军校隐藏着怎样的秘密？其全部的秘密就在于"没有任何借口"。

不难发现，"没有任何借口"体现出的是一种担当、敬业的精神，一种服从、诚实的态度，一种完美的执行能力。正是秉持这一重要的行为准则，西点学子才成为勇于担当的人，才在社会各个行业取得了非凡的成就。

程放军是一家机械设备公司的老员工，平时专门负责跑业务，他的业绩一直名列前茅。只是有一次，他负责的一个客户突然被别的公司抢走了，这无疑给公司造成了不小的损失。事后，他向老板解释说，因为自己的脚伤发作，所以才比竞争对手晚去了 20 分钟。其实，老板并没有因此而责怪他，因为知道他工作向来认真卖力。

老板的谅解让程放军心生得意，他知道自己的脚伤并不严重，根本就不影响他的工作，只是他喜欢用这个当作借口，来为自己开脱罢了。有了这次的经历后，程放军的胆子越来越大了，每当公司指派他出去联络一些难度较大的业务时，他都会拿脚伤当借口，说自己无法胜任这项任务。

公司老板刚开始还挺欣赏他的工作能力的，可他经常找借口推脱，时间一长，老板也就渐渐地将他忘了，总是将重大任务派给别的业务员去做。

程放军见老板不再将一些困难的任务交给自己，心里还暗自庆幸自己的明智。他心想，这种费力不讨好的任务，谁爱做谁去做好了，到时完不成任务，那才丢人呢。

就这样，程放军将大部分精力花在如何寻找更合理的借口上，一碰到难办的业务，他能推就推，好办的差事他能抢就抢。而不管什么样的业务，只要没有按时按质完成，他就会找出各种借口为自己辩解。

一年后，公司因业绩不好而裁员，程放军列入被裁人员名单。

这样的结果让程放军很不满意，他冲进老板的办公室，想要讨个说法，老板却对他说："按理说，你以前的工作干得不错，可是你扪心自问一下，这一年你都干了些什么？业绩一落千丈，张嘴就是借口。"

程放军刚要张嘴说些什么，可老板根本不给他辩解的机会："你不要再跟我找什么借口了，这一年我已经听够了，你到财务办手续去吧。"

当工作出现问题时，如果我们以某种借口为自己开脱，慢慢我们就会逐渐养成一种凡事找借口推卸责任的坏习惯，借口会成为我们事业成功的绊脚石，只会让我们成为一个一事无成的人。

美国著名行为学家乔治·弗兰克认为："世上的借口有多种多样，但每一种借口都会给人致命一击。在人生和工作的各个环节中，学会拒绝借口则是非常重要的。"一个人若是在工作中不小心犯了错误，最好的办法就是老老实实地认错，而不是去寻找借口为自己开脱。

日本松下集团的创始人松下幸之助就是一个从不找借口推卸责任的人，他不仅如此要求自己，他也不允许员工为工作上的失误寻找任何借口。在他看来，整个松下集团若想从上到下建立起一种敬业、担当的工作风气，那每一位员工就必须大胆地承认自己的错误，承担起自己该有的担当。正是因为这种"不找借口，绝不推卸责任"的工作态度，松下集团才成为日本企业的翘楚。

其实，承认错误和承担责任远远没有我们想象中的那么难。我们都知道，一个人做事不可能一辈子都一帆风顺，工作出现问题是在所难免的事儿。这个时候，如果我们能不找借口，不推卸责任，反而在错误中检讨自己，吸取经验教训，那我们不仅能收获老板、同事以及客户的谅解，还能保证下一次在工作中不出现任何纰漏。

大卫是一家商贸公司的市场部经理，他曾犯了一个错误，没经过仔细调查研究，就批复了一个职员为纽约某公司生产5万部高档相机的报告。

等产品生产出来准备报关时，公司才知道那个职员早已被"猎头"公司挖走了。那批货如果一到纽约，就会无影无踪，货款自然也会打水漂。

大卫一时想不出补救对策，一个人在办公室里焦虑不安。这时，老板走了进来，他的脸色非常难看。还没等老板开口，大卫就立刻坦诚地向老板讲述了一切，并主动认错："老板，这是我的失误，我应该承担所有的责任。请相信我，我一定会尽最大的努力挽回损失。"

老板被大卫的坦诚和敢于承担责任的勇气打动了，于是答应了他的请求，并拨出一笔款，让他到纽约去考察一番。经过努力，大卫联系好了另一家客户。一个月后，这批照相机以比那个职员在报告上写的还高的价格转让了出去。为此，老板感到非常高兴，他不仅表扬了大卫，还立马给他升职加薪。

遇到问题，一流的人会去找方法，末流的人才会找借口。其实，不找借口找方法体现的正是一种担当、敬业的工作精神，一种诚实、主动的工作态度，一种完美、积极的执行能力。我们每个人都要像故事中的大卫一样，当工作出现差错，一定要竭尽全力去找到解决问题的方法，而不是四处寻找借口推卸责任。

如果一个人遇到困难时不是去努力克服困难，而只知道找借口推卸责任，这样的人很难成为一名优秀的员工。我们找的借口再好，最后也改变不了我们"没有成功"的结局，所以，无论什么时候，我们都万万不能让借口成为我们成功路上的绊脚石。

敢于担当让你脱颖而出

在工作中，遇到问题，我们是选择敢于担当，承担责任，还是找借口逃避呢？如果我们选择承担责任，担当精神就会鞭策我们走得更远；如果我们找借口退缩逃避，借口就会将我们推到悬崖边上。

在生活和工作中，我们经常会听到有些员工把这样或那样的借口挂在嘴边，比如，睡懒觉导致上班迟到，他们会有"路上塞车""家里出了急事""闹钟没响"等做借口；事情办砸了，给公司带来损失，他们会有"我已经尽力了""别人没提供援助""事情太复杂"等做借口。总之，做不好一件事情，完不成一项工作，统统不是自己的责任，随便一招手，自有成千上万个借口严阵以待，随时准备响应他们、声援他们、支持他们。

日本的零售业巨头大荣公司中曾流传着这样的一个故事。

两个很优秀的年轻人毕业后一起进入大荣公司，他们被同时派到一家大型连锁店做一线销售员。一天，这家店在核账目的时候发现所交纳的营业税比以前多了好多，仔细检查后发现，原来是两个年轻人在报税时将营业额多打了一个零！于是，经理把他们叫进了办公室，当经理问到他们具体情况时，两人彼此看着对方，无话可说，因为账单就在眼前，任何辩解都是无用的。

一阵沉默之后，两个年轻人开口了，其中一个解释说自己刚上岗，所以有些紧张，再加上对公司的财务制度还不是很熟，所以……。而另一个年轻人却没有为自己分辩，他只是对经理说，这的确是他们的过失，他愿意用两个月的奖金来补偿，同时他保证以后再也不会犯同样的错误。

走出经理室，最先说话的那个年轻人对后者说："你也太傻了吧，两个月的奖金就这样没了，那工作岂不是白干了？这种事情咱们新手随便找个借口就推脱过去了。"后者听了后，只是笑了笑，什么话都没说。

后来，公司里有好几次培训学习的机会，每次都是那个勇于担当的年轻人获得了这样的机会。另一个年轻人坐不住了，他跑去质问经理为什么这么不公平。经理没有对他做过多的解释，只是对他说："一个事后不愿担当，而只知道找借口逃避的人，是不值得团队信任的。"

当工作出现差错时，我们以为自己能依靠借口躲过风风雨雨，却没想到老板早已看清我们那点儿伎俩，从此再也不愿意对我们委以重任。

没错，任何借口的实质都是在推卸责任，逃避担当，在担当和借口之间，一个人的选择可以体现出他的工作态度。在一个讲究高效合作的工作团队中，如果有成员为自己的工作失误寻找借口，那无疑是对整个团队的不负责任，这样的成员只会给团队带来负面影响。

我们在工作中遭遇的任何挑战，都是推动我们不断奋发向上、不断提升自我的强大动力，只有意识到这一点，我们才会真正改掉遇事就找借口的坏习惯，最后选择勇于担当，沉下心来寻求解决问题的方法。

福特汽车公司是美国创立最早、最大的汽车公司之一。1956年，该公司推出了一款新车，尽管这款汽车功能都很好，价钱也不贵，但奇怪的是，竟然销路平平。

公司的管理人员急得就像热锅上的蚂蚁，但他们绞尽脑汁也找不到让产品畅销的方法。这时，福特汽车公司里一位刚刚毕业的大学生对这个问题产生了浓厚的兴趣，他就是艾柯卡。

当时，艾柯卡是福特汽车公司的一位见习工程师，他的工作本来与汽车的销售业务毫无关系。但是，公司老总因为这款新车滞销而着急的神情，却深深地印在他的脑海里。他心想："只要是有关公司利益的事情，就都是我的责任。"

于是，艾柯卡开始不停地琢磨，究竟该怎么做才能让这款汽车畅销起来呢？终于，他想出了一个好点子。就在大伙儿都为这事儿愁眉不展之际，艾柯卡径直来到总经理的办公室，恭敬诚恳地说道："总经理，我觉得咱们公司应该在报纸上刊登广告，广告的内容是：您只需花56美元就能买下一辆56型福特汽车。"

　　总经理对他的提议非常感兴趣，示意他继续说下去。原来，艾柯卡的建议是：不论谁买下一辆1956年生产的福特汽车，都只需先付20%的货款，余下部分可按每月付56美元的办法逐步付清。

　　艾柯卡的建议得到了采纳，"花56美元买一辆56型福特"的宣传广告引起了人们极大的兴趣。在短短的三个月中，这款汽车在费城地区的销售量从刚开始的倒数第一位变成了第一位。

　　而艾柯卡也因此受到公司领导的赏识，很快，总部就将他调到华盛顿，并委任他为地区经理。后来，艾柯卡又根据公司的发展趋势，不断采用一系列富有创意的营销策略，使得福特汽车的销量稳步上升。

　　可以看到，"花56美元买一辆56型福特"的广告宣传，不但打消了很多人对车价的顾虑，还给人留下了"每个月才花56美元就可以买辆福特车，实在是太划算了"的印象。艾柯卡确实特别有智慧，而这一切都要归功于他的勇于担当。我们对待工作的态度是决定我们能否将工作做好的关键。换句话说，只要我们能勇敢地承担起责任，选择担当，不逃避，不退缩，把寻找借口的时间和精力用到努力工作中去，那我们每个人都有机会在事业上取得成功。

多点担当，少点借口

在实际的工作中，有的员工做事总是抱着敷衍、应付了事、得过且过的态度，他们从不要求自己必须将工作做到尽善尽美，只求过得去，于是工作难免出现问题。此时，如果公司领导追究责任的话，他们就会轻描淡写地说自己"粗心"。

然而，真的只是因为粗心吗？当然不是。归根结底，一个人是否粗心完全取决于他是否有担当精神。众所周知，当工作出现问题时，一个缺乏担当精神的员工往往会找很多借口来为自己辩解，这个时候，"粗心"就被他们拿来当作免罪金牌。而一个有强烈担当精神的员工则会时刻告诉自己，在工作面前，绝不能粗心大意。

所以，面对工作，我们最好多点责任心，少找点借口，要知道，在问题面前为自己寻找借口是懦夫的表现，没有哪一家企业会欢迎没有担当精神的员工。

有一位名牌大学新闻专业毕业的小伙子，被一家知名报社录用了。刚开始上班时，同事们对他的印象还不错，但是没过多久，他做事不认真的毛病就暴露出来了，他上班经常迟到，和同事一起出去采访也经常丢三落四。对此，报社领导找他谈了好几回话，但是，他总是以各种借口来搪塞。

一天，报社接到热心读者爆料，领导派他独自前往采访。可没过多久，他就回来了，领导问他采访的情况怎样，他却抱怨道："路上太堵了，等我赶到时，事情都快结束了，并且已经有别的新闻单位在采访了，我看也没什么重要的新闻价值，所以就回来了。"

领导听了很生气，厉声问道："交通是很堵，但是你不会想别的办法吗？为什么别的记者就能及时赶到呢？"

小伙子争辩道："交通真的很堵嘛，再说我对那里又不熟，还背着这么多的器材。"

领导心里更气了，于是，他严肃地说道："既然这样，那你另谋高就好了，我不想看到记者不但没有完成报社交给他的任务，反过来还有满嘴的借口。

作为新闻工作者，不管任务有多么艰巨，我们都必须想方设法把任务完成。"

通过这个故事，我们可以清楚地看到，在实际的工作中，当一个人开始找借口的时候，胜败早已成定局。很多时候，我们和故事中的小伙子一样，以为借口是一张敷衍别人、原谅自己的挡箭牌，是一副掩盖错误、推卸责任的万能器。殊不知，借口完完全全是一剂"慢性毒药"，在悄无声息中逐渐腐蚀我们的心灵。它让我们把宝贵的时间和精力浪费在一些毫无意义的事情上，而慢慢忘却自己肩负的担当和使命，这无疑是相当可悲的！

关于责任心的重要性，著名企业家洛克·菲勒曾经说过："一个企业所缺少的并不是能力特别出众的员工，而是有强烈担当精神、时刻把担当和使命记在心头的员工。"没错，对于一个企业来说，人才是重要的，但更重要的是真正具有担当精神的人才。所以，我们只要还坚守在工作岗位上，就时刻不能放松"担当"这根弦。唯有如此，我们的工作才不会出现大的纰漏，我们才不会给企业带来损失。

总之，工作中遇到困难和挫折，具有担当精神的人会积极主动地找方法，而缺乏担当精神的人则会消极被动地找借口。其实，一个人找借口看似逃避了责任，不必为自己的过错和失败埋单，但同时也因此失去了一次成长的宝贵机会，失去了领导和同事的信任。

姜跃腾在一家公司担任工程造价部主管，他的工作就是为公司估算各项工程所需的价款。有一次，他负责的一项估算被一名核算员发现了重大错误，该核算员出于对工作的负责，就将此事汇报给了领导。

领导很快就把姜跃腾叫进了办公室，严肃地说道："小姜，你赶紧把这份报告拿回去，再认真做一下核算，再有错误，我可不饶你啊！"领导的批评让姜跃腾觉得面子上挂不住，所以他非但不肯认错，还怒气冲冲地去找那名核算员算账，责怪其越级报告，怒斥其是一个卑鄙无耻的人。

很快，这件事就传进了领导的耳朵里，领导厉声质问姜跃腾道："你的错误不是已经确定了吗？难道你希望那名核算员为了你的面子而不顾公司的损失将这件事隐瞒下来吗？"

姜跃腾无言以对，不敢再为自己争辩。这时，领导劝告他说："工作中谁都有可能出错，只要态度端正，不找借口，不生是非，下次不再犯，那就没什么大问题。你作为一个部门主管，更应该以身作则，带头起表率作用！"

然而，过了一段时间后，姜跃腾又有一个估算项目被那名核算员查出错误。没想到这次姜跃腾的态度较之以往还更加恶劣，逢人便说是那名核算员对他进行打击报复。那名核算员为了证明自己的清白，连忙请另外一名核算员重新核算，结果证明姜跃腾的估算确实有问题。

领导为了安抚人心，决定将姜跃腾辞退，"从明天起，你不用来上班了，我不可能让一个满嘴借口、毫无担当的人来损害公司的利益！"

无论如何，我们每个人都应该具有担当精神，这是工作的需要，更是我们实现自己人生价值的需要。在职场上，错就是错，失误就是失误，已经发生的事实不会因为我们的借口而改变它们的本质。所以，若想成为一名优秀的员工，我们必须拿出勇气去面对自己犯下的错误，去承担自己应该承担的责任、肩负的担当。

坦率承认错误，从中吸取教训

据心理学家观察，当人们看到犯了错误的人痛心疾首、懊悔自责的态度和竭尽全力去改正错误的行为时，大都会因此而生恻隐之心，同时还会给予其热情的关注和由衷的帮助。

当我们在工作中不小心犯了错误，给公司造成损失时，只要我们不急于找借口推卸责任，而是接受批评，从错误中吸取教训，积极着手解决问题，那我们就会很快得到领导的谅解和同事的赞许。这样一来，错误不就成了我们事业转折的一个良好契机么？要知道，在实际的工作中，很多人就是在跌了一次跟头后，幡然悔悟，由此得到了领导、同事以及客户的信赖。总之，在这个世界上，没有人喜欢犯错，但犯错又难以避免。既然如此，我们就要从错误中吸取教训，只有这样，我们才会逐步走向成熟。

　　汉武帝时期，一天，汉武帝外出巡察，路过宫门口时，眼前突然出现一位头发全白的老卫兵。这位老卫兵穿着很旧的衣服，站在宫门口，十分认真地检查出入宫门的人。出于好奇，汉武帝便走向前询问这位老卫兵姓甚名谁。老人答："卑职姓颜名驷，江都人。从文帝起，历经三朝，一直担任此职。"

　　汉武帝紧接着问："为什么你一直都没有升官的机会呢？"

　　颜驷道："从三代帝王来讲，汉文帝喜好文学，而我喜好武功；后来汉景帝喜好老成持重的人，而我当时年轻气盛；如今的汉武帝，喜好年轻英俊有为之人，而此时的我早已年迈无为了。因此，虽然我经历过三朝皇帝，却一直都没有升官的机会，惭愧啊！惭愧啊！"

　　颜驷活了大半辈子，历任三朝，一直都没有得到升迁的机会，此时的他应该从自身找找原因，而不是将责任推给时运不济。虽然从表面上看，颜驷的解释合情又合理，但是我们只要仔细想一想就会发现，这种解释不过是他从潜意识里给自己的失误和失败寻找借口，安慰自己，将自己该负的责任推得一干二净罢了。

　　在实际的工作中，如果我们也如颜驷一样，凡事总是责备别人，那我们最后的结局肯定和颜驷一样，一辈子都无所作为。要知道，在这个社会上，很多人之所以平庸一生，就是因为他们喜欢推卸责任，不愿担当。当别人已经从错误中吸取教训，在事业上更进一步时，他们却一步步往后退，直至将自己围困在一个逼仄的角落退无可退。

正所谓吃一堑，长一智，只要我们不想着推卸担当，我们就能够从错误中吸取教训，避免下一次被同一块石头绊倒。

詹姆斯是一家公司的财务人员，工作向来认真负责的他，有一次在给全公司的员工做工资表时，不小心给一个请了病假的员工定了全薪，忘了扣除他请假几天的工资。在意识到自己所犯的错误后，詹姆斯很快就找到了那名员工，告诉他这个月多发的钱要在下个月的工资里扣除。

没想到，这名员工却对詹姆斯说自己手头正紧，希望詹姆斯能分期扣除。但是如果真的这么做的话，詹姆斯就没有权力做决定了。因为这就意味着他必须得向老板请示，而这样一来，老板便会知道他所犯的这个错误。

詹姆斯深知，老板知道后一定会非常不高兴，可是他又认为这混乱的局面都是由于自己工作的疏忽而造成的，所以他必须负起这个责任。想到这儿，詹姆斯立马就去向老板认错。

当告诉老板他犯的错误后，老板的反应却让詹姆斯大感意外。

老板竟然大发脾气地说这是人事部门的错误，当詹姆斯再度强调这是他的错误时，老板又大声指责这是会计部门的疏忽，当詹姆斯再次认错时，老板却向他竖起了大拇指："我就是想看看你承认错误、承担责任的决心有多大。事情我已经了解清楚了，你回去按照自己的想法把这个问题解决掉吧！"

从老板的办公室回来后，詹姆斯赶紧亡羊补牢，答应了那名员工的请求，彻底将自己的错误改正过来。从那以后，老板不但没有不再信任詹姆斯，反而更加器重他了。

由此可见，当我们在工作中犯了错误，且知道责任不可推卸时，如果我们能勇敢地站出来，向老板承认自己的错误，并承担起自己该负的责任，从错误中吸取教训，努力将工作做好，那我们就能得到老板的谅解，重新开启事业的春天。

行走职场，勇于承认错误，才不会被错误所累，这是永恒不变的真理。当我们犯了错的时候，谁也不会有兴趣去听我们的辩护，所以找借口纯粹是浪费宝贵的时间和精力。如果我们做错了，请不要推卸担当，只要勇敢地承认："对不起，我做错了！"然后再从错误中吸取教训，保证下次不再犯同样的错误。

摒弃应付工作的心理

在两性关系中，很多女性宁愿选择一个只有 10 元钱却愿意为她花 10 元钱的男性，也不愿意选择一个有 100 元钱却只愿意为她花 50 元钱的男性。在她们看来，前者有心暂时无力，是可以谅解的"能力问题"，而后者却有力无心，是无法原谅的"态度问题"。

其实，在某种程度上，企业选择员工的标准和女性选择伴侣的标准不谋而合，总是倾向于选择那些态度端正的人。因为只有这样的员工，才不会在工作中抱有应付工作的心理，不管在何种情况下，他们都会将事情做好。

有一匹马，它每天的任务是驮着货物跟随主人到各地去贩卖，但是这匹马对自己这种生活很不满意，它总是抱怨个不停，不是怨天气太热，就是怪东西太重。它觉得自己每天工作十分辛苦，非常委屈。

有一天，这匹马驮着一大包糖，随着主人到城里去，一路上，它依旧唠叨个不停。虽然嘴里不断地在唠叨，可是，活儿还是得干！当它经过一座独木桥时，可能是因为心情不好，所以重心没有抓稳，一个不小心，它掉进河里去了。

它的主人赶紧把它拉上岸来，起来后，它顿时觉得背上的东西轻了很多，因为糖碰到水，一大半都被溶化了。于是，这匹马认为自己是因祸得福，非常高兴。

过了几天，这匹马又经过这座独木桥，因为上次的甜头犹存心中，所以它就故意摔下河去。它一面摔下去，一面还在想："我马上就可以解脱了。"

谁知道，这次非但没有像上次一样减轻负重，背上的货物反而加重了许多。这匹马越想越觉得不对劲，就问主人为什么。它的主人轻轻拍着它的头，忍俊不禁道："宝贝马呀，你真是自作聪明。上一次你背的东西是糖，糖碰到水，很容易溶解掉，所以越来越轻；可是这一次你背的是棉花，棉花碰到水，不但不会溶化，反而会吸收水分，所以你才会觉得越来越重。"

有没有发现，故事中的这匹马像极了当今企业里的一部分员工，他们做事懒散、马虎、潦草，每次工作都要别人三催四请，威逼利诱，如果没有人监督和鞭策，他们只会随便做做样子，应付一下领导。毫无疑问，这种敷衍心理严重影响了他们的工作效率和工作质量，严重者还会给企业带来不可估量的损失。

有位哲人说过："轻率和疏忽是旗鼓相当的瘟神。"其实，这两者恰好都是喜欢应付工作之人最常犯的毛病。而在人类的历史上，则充满着由于轻率和疏忽而酿成的可怕惨剧，这值得我们每一个人在工作中引以为戒。

1986 年 1 月 28 日，美国的"挑战者号"航天飞船刚升空就发生了爆炸，包括两名女宇航员在内的七名宇航员在这次事故中罹难。

调查结果显示，此次事故之所以会发生，是一个 O 型密封圈在低温下失效所致。失效的密封圈使炽热的气体点燃了外部燃料罐中的燃料。

尽管在发射前夕有些工程师警告不要在气温 11.6 摄氏度以下时发射，但是由于发射计划已经被推迟了五次，所以警告未能引起足够重视。这次事件是人类航天史上最严重的一次载人航天事故，一些人员对技术人员的建议敷衍了事，结果却造成七名宇航员遇难，直接经济损失 12 亿美元。

总之，用心工作，最大的受益者永远是自己；而应付工作，最大的受害者也必定是自己。对工作敷衍了事的人，不只是工作起来效率特别低，他自己还会成为自己发展和进步道路上的最大敌人。

为什么这么说呢？因为一个人应付工作，到头来只会给别人留下做事不负责任的坏印象，从而很难获得领导的信赖和重用，最后自然也就无法在职场上为自己挣得一席立身之地。

　　陶禹大学毕业后，进入一家外企工作，工作没多久，同事们都夸他聪明机灵。只要老板在公司，陶禹确实表现出一股机灵劲儿，工作起来总是特别卖力，干完自己的工作，他还会热心地帮助其他的同事做一些自己力所能及的事情。

　　看到陶禹表现那么出色，老板打心眼里感到高兴，他觉得陶禹是一个不错的小伙子，年轻肯干，对工作颇有担当精神，并打算过段时间提拔他。

　　可是，只要老板不在，陶禹就觉得自己应该松口气，好好放松放松。所以，每当老板有事外出，他就会趁机做些与工作无关的事情，比如上网聊天、读报纸、看杂志。哪知道，天下从来没有不透风的墙，他这种应付工作的心理终于还是被老板察觉了。

　　有一天，老板刚出去就杀了个回马枪，当时陶禹正在读报纸、喝咖啡，正好让老板逮了个正着。这下可把老板气坏了，他没想到自己心目中的对工作认真负责的好员工，竟然是这么一个偷奸耍滑之辈！

　　一怒之下，老板当即就让陶禹收拾东西结好当月工资走人，尽管陶禹再三哀求，老板还是不愿意继续将他留在公司。

　　其实，像陶禹这样的员工从头到尾对工作都在应付：上班要应付、加班要应付、领导交代的工作要应付、工作检查更要应付，甚至就连睡觉时也忙着要应付——想着怎么应付明天的工作。

　　不难发现，应付工作正是员工缺乏担当精神的一种表现。毫不夸张地说，一个人事业失败最大的原因就是他对待工作敷衍了事。因此，为了避免这种情况的发生，我们必须认真负责地对待工作，坚决摒弃应付工作的心理，努力做一个具有担当精神的优秀员工。

第十章
做最有奋斗精神的员工

有奋斗精神不会仅满足于 99.9% 的成功

在生活中，我们很容易满足于自己已经达到的目标，为自己取得的一点点成功欢欣雀跃，以为已经实现了人生的终极目标，从此失去了前进的动力。其实，我们不应该满足于一点点成功，而是应当制定新的目标，不断向新的高度攀登。只有在进取之灯的指引下，才有可能不断地迈向卓越，实现自我人生的价值。

实现目标需要长期的努力。在为人生目标奋斗时，不能幻想一劳永逸，而要务实笃行、稳扎稳打、奋力前行。同时，也要看到，每取得一点成功，都是向最终的目标前进了一步。即使取得了全局性的成功，也不是目标的终止，而恰恰是向更高一级目标攀登的开始。只有志存高远、不断进取的人，才能充分发挥自身的潜能，创造辉煌的人生。

在前进的路上，往往需要多次调整才能确定最终的方向。执着的追求是应该嘉许和称道的，但也要注意随时回顾并更新目标，不时重新看看自己的目标表。如果你认定某个目标应该调整，或用更好的目标取而代之，就要及时修正。当你达到了自己的目标，或是向它迈进了一步时，绝对不能就此止步。向着更高的目标迈进是人崇高的追求。

目标的调整，实际上是一种奋斗精神的体现。若原目标已实现，就要制定新的、更高层次的目标。若发现原目标与自己的条件及外在因素不相适合，那就得改弦易辙，另择他径。这样，才能避免浪费宝贵的时间，避免遭受不必要的挫折。若是原目标定得过高了，只有很小的可能实现，必须调低，再继续积累，增强"攻关"的后劲。若原目标定得太低，轻易就已跃过，则要权衡自己的能力、水平，将目标向上"升级"。

其实，对待工作如同开车，如果总在听外面的声音，什么事都要去关注一下，那么心情必然是浮躁的，而只有将全身心都集中到工作上去，以100%的精力去对待手头的工作，那样，工作才会飞速向前。要想真正做到将身心注入工作中去，以一百分的努力去对待工作，还要将工作看作是自己的一项事业，而不是一份"苦差事"。

在工作中，每个人都应该尽自己最大的努力，去认真对待自己的每一项工作，并在工作中严格要求自己，如果能做到最好，那么就不能允许自己只做到一般；如果能做到100%，就不能只做99%。

强烈的奋斗精神是一个员工实现自我、走向卓越所必备的一种优秀品质。工作本身就意味着奋斗，当一个员工视自己的工作如自己的生命一般神圣，当一个员工把自己的全部精力都投入到某一项工作中去，对每项工作都能付出一百分的努力，追求尽善尽美，那么他就是一个有奋斗精神的员工了。

20世纪20年代，胡适先生曾经写过一篇著名的文章《差不多先生传》，文章的主人公叫差不多先生，他总是说："凡事只要差不多，就好了。何必太精明呢。"在胡适先生的这篇文章里，差不多先生做每一件事都会提到差不多，但就是这样的一点点差距使他做差了很多事。其"差不多"的做法，是一种对自己、对生活极不负责任的态度，这样的人是可笑的，也不会有任何成就。

令人遗憾的是，直到现在，"差不多"心态并没有随着时间的流逝而消失，而是依然无处不在，无时不有。尤其在当今职场中，"差不多先生"比比皆是。

开会的时候，他会说："差不多时间到就好了，何必一定要准时到呢。"于是，他常常迟到。

制订工作计划的时候，他会说："做得差不多清楚就可以了，何必要那么明确呢，多留点余地多好。"于是，最初计划好的人力、物力、工作安排在真正做的时候不停地被修改调整，甚至推倒重来。负责公司的产品生产、质量管理时，他会说："差不多达到要求就可以了，何必搞得这么累呢。"于是，公司产品的合格率下降了。去给客户做工程设计和安装，结果客户向公司投诉不能用时，他会说："差不多就行了，何必这么挑剔呢？"

"基本""好像""几乎""大约""估计""大概"等，成了这些"差不多先生"的常用词。这些"差不多先生"们不想奋斗，仅仅满足于"差不多就行了"的应付工作的态度，结果这里差一点，那里差一点，结果当然要大打折扣。

有一家企业引进了德国设备，德国工程师在设备安装调试验收时，发现有一个螺钉歪了，但是它的紧固度没有问题。这家企业的工程师认为这没有什么大不了的，所有六角螺钉的紧固度不可能都一丝不差，差不多就行了。而德国工程师却坚持说："不，这完全可以做到。六角螺钉歪了，是因为在拧这个螺钉的时候，没有按规范标准进行操作。"后来通过调查发现，确实是这家企业安装工人未按照技术操作标准要求安装。

工作的效果是检验奋斗意识的唯一标准，不论是做人还是做事，我们都应抱着消灭"差不多"的决心，为自己确立这样一个高标准：只有做到100分才是合格，99分都是不及格。唯有如此，我们才能彻底告别"差不多先生"，达到尽善尽美。

威尔逊在创业之初，全部家当只是一台分期付款赊来的爆米花机，价值50美元。第二次世界大战结束后，威尔逊做生意赚了点钱，便决定从事地皮生意。虽然有人对他冷嘲热讽，可他对自己的事业充满了信心，对他来说，他有责任在自己选择的这条事业道路上坚守，直到取得成功。

当时美国处于战后时期，人们一般都比较穷，买地皮修房子、建商店、盖厂房的人很少，地皮的价格也很低，从事地皮生意的人也并不多，但威尔逊以执着的超强的责任心坚守着自己的选择，不遗余力地开拓自己的事业。他每天早出晚归地寻找客户，还用手头的全部资金再加一部分贷款在郊区买下很大一片荒地。他的预测是，美国经济会很快繁荣，城市人口会日益增多，市区将会不断扩大，必然向郊区延伸。在不远的将来，这片土地一定会变成黄金地段。后来的事实正如威尔逊所料。没出三年，城市人口剧增，经济迅速发展，大马路一直修到威尔逊买的那块土地的边上。

这时，人们才发现，这片土地价格倍增，许多商人竞相出高价购买，但威尔逊没有满足于眼前的成功，为了更长远的利益，他告诫自己不能止步不前，他还有更加深远的打算，他认为自己有责任将自己的经营理念践行到底。

后来，威尔逊在自己的这片土地上盖起了一座汽车旅馆，命名为"假日旅馆"。由于它的地理位置好，舒适方便，开业后，顾客盈门，生意兴隆。威尔逊的生意越做越大，他的假日旅馆逐步遍及世界各地。他也因为在房地产和旅馆业方面的巨大成功而成为被许多企业家推崇的榜样。

威尔逊之所以能有事业上的一步步成功，是因为他有全力以赴追求事业成功的责任心，他不仅仅满足于眼前的成就，因此他才能将自己的事业做大做好。

当你用强烈的奋斗精神去改变自己的命运的时候，所有的困难、挫折、困扰都会为你"让路"，"野心"有多大，就能克服多大的困难，战胜多大的阻碍。你完全可以挖掘自身的潜能，激发成功的欲望，树立责任心，向着目标前进。

永远把自己当成"新人"看待

在工作中，我们要时刻把自己当成一个"新人"看待，永远保持工作的热情和学习的热情。

有些人在工作中总是故步自封地自我感觉良好，觉得自己工作了些许时日就有资格"倚老卖老"，可以不用再像刚入职时那样全力以赴了，或者想先暂时停下脚来歇口气再说奋斗的事。于是，他们的奋斗精神在这种惰性中渐渐泯灭。

这些人以为，成长只是青少年时代的事情，只有学校才是学习的场所，自己已经是成年人，并且早已走向社会了，因而没有必要再学习了。这种看法其实是不对的。我们只有时刻把自己当成一个"新人"看待，才能承担起人生的责任。

因为，学校里学的东西是十分有限的。工作中、生活中需要的相当多的知识和技能，课本上都没有，老师也没有教给我们，这些东西完全要靠我们自己在实践中边学边摸索。可以说，如果一个人不继续学习、不继续成长，就无法获得生活和工作需要的知识，无法使自己适应急速变化的时代，不仅不能做好本职工作，反而有被淘汰的危险。

纽约戴尔·卡耐基学院的一位学员名叫埃德·格林，他是一位十分杰出的推销员，年收入超过 75 万美元。可他一直坚持每年定期到职业学校花钱参加培训。

格林讲过这样一件事："当我还是一个小男孩的时候，有一次，我的爸爸带我去看我们家的菜园。爸爸可以说是当时那个地区最好的园丁，他在菜园里辛勤耕作，并且以自己的成果为荣。当我们看完之后，爸爸问我从中学到了什么。

"我当时只能看出来爸爸显然在这个菜园里下了很大一番功夫。对这个回答爸爸有些沉不住气了，对我说：'儿子，我希望你能够观察到当这些蔬菜还绿着时，它们还在生长；而一旦它们成熟了，就会开始腐烂。'

"我一直没有忘记这件事，我去上职业培训课是因为我认为自己能从中学到些什么。坦白地讲，我确实从中学到了一些东西，那使我完成了一笔生意并得到了上万美元，而在此之前我曾花了两年多的时间试图做成这笔生意。我所得到的这笔钱能够付清我这一生接受培训的所有花费。"

据美国国家研究委员会调查，半数人的工作技能在 1 ~ 5 年就会变得一无所用，特别是在工程界，毕业十年后所学还能派上用场的不足 1/4。因此，学习已成为随时随地的必要选择。

美术大师不停地学习作画的新技巧，音乐大师每天花费几个小时学习和练习新的乐曲，都是为了使自己更出色。不仅艺术家如此，那些工作效率最高、工作质量最好的人，都是在不断努力中使自己的才能得到充分发挥的。才能不是僵化的东西，它是在磨炼中成长的，只有在学习的实践中我们才会发现自己的不足之处，不断成长，在克服困难的过程中不断提高。

当然，具体就每个人而论，他们的潜能也不一样。有的人，年龄虽然很大了，可是他的能力还在继续发展，所以，就有一个将它开发出来并使之放大的问题，而这种发掘只有把自己当成一个"新人"看待，才会注意"能量"的开发，才会拥有渴望成功的意识。

德国著名作曲家、音乐批评家罗伯特·舒曼曾经讲过："一磅铁只值几分钱，可是经过了锤炼，就可制成几千根钟表发条，价值数万元。"所以，舒曼劝告人们说："要好好利用上天赋予你的'一磅铁'。"从舒曼的话里，

我们可以得到这样的启示：人的天赋，相差并不大，有的人之所以能够成长为"能量"较大的人才，是因为他"经过了锤炼"。"锤炼"的功夫下得越深，自我开发的工作就做得越好。铁可百炼成钢，人可百炼成才。

人的自我开发可从以下几个方面着手。

要下苦功，掌握知识，并使知识系统化。能力、才能并不是不可捉摸的东西，它是在掌握知识的过程中形成的，同时又表现在掌握知识的过程中。离开学习知识，单纯地去追求什么能力、才能，是没有意义的。对青年人来讲，首要的是扎扎实实地学知识。

要养成勤思的习惯，勤思多智。真正的人才，都是思想上的勤奋者。牛顿说："思索，持续不断地思索，以待天曙，渐渐地见及光明……如果说我对世界有些贡献的话，那不是由于别的，只是由于我辛勤耐久的思索。"常用的钥匙总是发亮的，勤思的头脑总是多智的。因此，要使自己的大脑经常处于有弹性的积极思维状态中。

合作多智，要善于向师友学习，使自己的才能得到多方面的补充。著名科学家卢瑟福说过："科学家不是依赖于个人的思想，而是综合了无数人的智慧。"现代科学的发展，越来越显示出它的时代特征，那就是从单一性的个体研究进入合作性的集体研究。

在这种趋势之下，每一位职场人士，都应该适应这个趋势，自觉地把自己锻炼成为具有集体观念的人，这种集体观念包括向师友虚心学习、具有合作精神。具有合作精神的人可以多吸收各人的长处，增长自己的才干。

在实践中勇于创新和创造。实践出真知，实践出智慧。任何人的能力、才能都是在实践中增长起来的。实践好比磨刀石，刀锋好比一个人的才华。职场之人，不仅要继承，而且要勇于创新、创造。创新、创造是具有更高一层意义的实践。创造性的花朵是人类才能的最高表现。

《信仰的力量》一书的作者路易斯·宾斯托克指出："你若是想在人生中有一些成就，最有效的办法便是把自己当成一个'新人'看待，把信念提升到强烈的地步，因为只有达到这种程度才会促使你拿出行动。"

一个有强烈奋斗精神的人，必然执着于为了达成自己的人生信念不断突破成长的高度，为此，他们不怕被人三番两次地拒绝，也不怕别人的冷嘲热讽。

强烈的奋斗精神有积极的意义，它能激励人心，促使人们拿出实际的行动。想让自己不断成长的进取心是一种动力，而强烈的奋斗精神则是最有价值的发动机，一个人只有持久不懈地努力，才能实现自己的目标、计划、心愿或理想。

👍 培养自我管理的能力是对自己负责

著名的西门子公司有个口号叫作"自己培养自己"。和所有的顶级公司一样，西门子公司在员工管理上有自己的"真知灼见"，他们把员工的全面职业培训和继续教育列入了公司的战略发展规划中，并严格按计划加以实施。他们还把很大一部分注意力放在了激发员工的学习欲望、营造环境让员工承担担当这两个方面上，并注意让员工在创造性的工作中体会到成就感。另外，公司还要求管理者引导员工以提高其自我管理能力，以便和公司一起成长。

当然，实施自我管理需要具备一个前提，那就是相信自己有进行自我管理的潜质，这一点是值得每一位管理者用心关注的。

并不是每一个员工都有自我管理的能力，在进行自我管理前，我们要对自己的工作能力及胜任情况做出评估。

只有拥有了一定的素养，才能具备自我管理的条件。企业要培养员工自我管理的意识，首先要去了解他们为什么缺少这一意识。曾有一家机构对近百名表现出畏惧和担忧的员工进行了访谈，最终得到以下几个原因。

第一，不够自信。很多员工不相信自己的能力，也不相信自己能够很圆满地处理好工作。

第二，不愿意承担更大的责任，不愿奋斗。以往，上司给员工安排了工作之后，即便是出了问题，也会有上司帮自己兜着；但是实行自我管理之后，员工就要面对新情况了，他们必须学会独自承担责任。而且，随着目前团队意识受到越来越广泛的强调，很多人的工作也和团队有着紧密关联，这就给员工造成了更大的压力和责任，曾有一名员工说："以往我只需要承担自己的责任，但现在我却要承担整个团队的责任。"

第三，缺乏自我管理所需要的技能。在以管理者为核心的情况下，员工只要按照上级的安排去行事就行了，而不需要考虑任务的主次、如何筛选、先后顺序、如何统筹安排等要素，但在被要求自我管理后，这些都成了他们不得不去考虑的问题，但由于缺乏类似的经验，使得他们并不具备相应的技能。

第四，大多数员工只关心自己的工作，而不注意团队协作与配合，最终导致自我管理滞后于团队步伐，使得团队的工作节奏出现混乱。

其实，自我管理是一种习惯，也是可以培养出来的。针对以上问题，我们可以从以下几个方面入手来培养自我管理的能力。

首先，要增强自信心。一个最好的方法就是先从简单的工作做起，这样比较容易取得成绩，也能给自己带来满足感和自信心。如此一来，我们挑战更大困难的念头也会越来越强烈，进而就可以更好地解决有难度的工作。

其次，要注意培养团队责任意识。必须养成站在团队整体的角度去考虑问题的习惯，从而增强承担更大责任的意识和信心。

最后，多参加系统的技能培训。不管是时间管理还是沟通技能，都是可以通过培训来提高的，这对提高工作的效率大有帮助。

日本社会学家横山宁夫曾说过："最有效并持续不断的控制不是强制，而是触发个人内在的自发控制。"因此，摆在管理者面前的一个最佳"控制"之道，就是去激发员工内心自我管理、自发控制的力量。

海伦·凯勒说："只要有一线希望，就应奋斗不止。"不管面临怎样的厄运，都要全力以赴地面对。生命不息，奋斗不止，是人生的责任。有一句话说得很好："重要的不是到底发生了什么事，而是你如何看待它们。"积极的态度必将创造奇迹。

奥格·曼狄诺在《羊皮卷》中写道："你的态度决定了你的前途，你想着自己是什么样的人，你就会成为什么样的人。"培养自我管理的能力是对自己负责的最佳体现。

奋斗精神会让团队更和谐

奋斗精神可以让人在竞争中不断地通过寻求团队合作，提升自己的能力，增强团队的战斗力。

优秀员工与普通员工的区别在于，普通员工一般会这么想："公司和团队为我做了什么？"而优秀员工则会想："我能为公司和团队做些什么？"如果你能有把公司当成自己的家的奋斗意识，就不会和同事斤斤计较；如果你有热爱团队的奋斗意识，就会甘于"吃亏"，乐于奉献，让集体的人际关系更加和谐。一个人如果总计较自己的付出，没有任劳任怨的奋斗精神，就会对多做的工作产生抵触情绪，还会影响自己在公司的人际关系。

李明军是一位被破格提拔的总经理。总裁最看重的就是他的担当精神。总裁虽然精明干练，但是管理风格却十分"独裁"，对下属总是按照自己的意志来指挥，从不给他们独当一面的机会，人人都只是奉命行事的"小角色"，连主管也不例外。这种作风几乎使所有主管都极为不满，一有机会便聚集在走廊上大发牢骚。

然而，李明军却与众不同。他并非不了解总裁的缺点，但他的回应不是批评，而是设法弥补。当总裁又忍不住发布命令的时候，他就加以缓冲，减轻下属的压力。同时，又设法配合总裁的长处，把努力的重点放在能够着力的范围内。受差遣时，他总尽量先多做一步，设身处地地体会总裁的需要与心意。在李明军的配合下，大家虽然不时地要受些委屈，偶尔也忍不住抱怨几句，但整个团队其乐融融，配合默契，每个人的能力都得到了充分发挥，整个团队的战斗力非常强。

经常读成功人物传记的人会发现：许多成功的人背后都有一个全体成员团结互助、亲密合作的团队。如果脱离了集体，个人即使再有能力也没有团队产生的合力大；如果只计较自己的得失，无视团队的利益，那将涣散团队的合力，最终害人害己。

亨利是一家营销公司的一名优秀的营销员。他所在的部门里，团队精神曾经十分出众，每一个人的业绩都特别突出。后来，这种和谐融洽的氛围被亨利破坏了。

前一段时间，公司的高层把一个重要的项目安排给亨利所在的部门，亨利的主管反复斟酌考虑，犹豫不决，最终没有拿出一个可行的工作方案。而亨利则认为自己对这个项目有了十分周详而又容易操作的方案。为了表现自己，他没有与主管商量，也没有向主管提供自己的方案，而是越过主管，直接向总经理说明自己愿意承担这项任务，并提出了可行性方案。

亨利的这种对团队没有担当精神的做法，严重地伤害了部门主管的"面子"，破坏了团队精神。结果，当总经理安排他与部门主管共同负责这个项目时，两个人在工作上不能达成一致意见，产生了重大分歧，导致团队内部出现了分裂，团队精神涣散了下来，项目最终也在他们手中"流产"了。

这个事例说明，一个人如果没有认清自己的位置，不顾团队的整体利益而只想表现自己，对团队造成的损害将是非常大的。

钓过螃蟹的人或许都知道，竹篓中放了一群螃蟹，不必盖上盖子，螃蟹是爬不出来的。因为当有两只或两只以上的螃蟹时，每一只都争先恐后地朝出口处爬。但篓口很窄，当一只螃蟹爬到篓口时，其他的螃蟹就会用威猛的大钳子抓住它，最终把它拖到下层，由另一只强大的螃蟹踩着它向上爬。如此循环往复，结果就是没有一只螃蟹能够成功。

这个现象被叫作"螃蟹效应"。如果团队成员目光短浅，没有奋斗精神，只关注个人利益，忽视团队利益；只顾眼前利益，忽视长久利益，那么整个团队将会逐渐丧失前进的动力，如此，便会出现"1+1<2"的现象，最终让团队失去战斗力。

"螃蟹效应"是员工严重缺乏奋斗精神的体现，他们没有认清自己在团队中的位置，没有对团队负责的担当意识，更不会以团队利益为重，而只是局限在狭隘的自私自利的"小我"中争名夺利，推卸自己的担当。

没有团队精神对个人和组织的成长都有严重的后果。由于"螃蟹们"的相互牵制，为了各自利益的明争暗斗渐趋白热化，最终的结果只能是既害了团队，也害了自己。

大家在同一个团队中工作，无疑彼此都是竞争伙伴，但只要以高度担当精神出于"公心"对工作任劳任怨，就会彼此尊重，为了团队的最大利益而团结一致。在团队中，必须与他人共同分享利益、承担责任，越是有奋斗精神的人，越会懂得尊重别人，任劳任怨地奉献和付出。

在一个团队里，最需要的就是成员之间的相互协作和彼此的担当。要努力将团队的价值最大限度地发挥出来，实现"1+1>2"的效果，提高整个团队的凝聚力和战斗力，让每个员工都愿意为团队的进步贡献力量，让每个员工都能在团队中实现成长。只有这样，团队的目标才能最终实现。团队的成功靠的是成员对团队的奋斗精神，成员的成功靠的是彼此的信任感。奋斗精神会让团队更加和谐。

持之以恒，激发自己的奋斗精神

"行百里者半九十"，意为行程一百里，走了九十里只能算是完成了一半。人生如同登山，越往上越艰难，而只有坚持下来的小部分人才能到达山巅，欣赏那一片壮丽的风景。中途退却的人，差的往往只是那一小步，这其实就是没有奋斗精神的体现。只有奋斗精神才是使自己持之以恒的动力。

凡事不能一蹴而就，现代社会生活节奏快，如果我们面对一些困难和挫折就失去了耐心，转而投向其他方向，做不了多久，又会因为另外的一些问题，选择放弃。古人云："心浮则气必躁，气躁则神难凝。"所谓"神难凝"，就是做人不踏实，做事不扎实，不愿负责任，这样的人往往耐不住性子，沉不住气，结果常常是欲速不达，事与愿违。

轻言放弃的人常常会这样想：现在这样做，有什么意义？在这条路上，又看不到成功。他不知道，成功正是由那些"看不到成功"的点滴的坚守构成的。要记住，成功不是一蹴而就的，成功靠积累，靠循序渐进。别小看一次小小的行动，一点小小的进展，它关系着以后的"大成功"，它是以后的"大成功"的一个必要步骤。

马克曾在一次滑雪比赛中经历过一场深刻的心理考验。就在他搬到明尼苏达之后不久，他凭着自己的一股热情，买来了滑雪板，开始训练起来。

后来，马克参加了一次高难度的比赛。他一开始滑得还真不错，嗖嗖向前，像离弦之箭。但在滑了250米之后，他觉得有点儿吃不消了。他只好眼睁睁地看着别人一个个轻松地从他身边滑过去。就这样，他一下子被孤零零地扔在了冰天雪地里。

马克原本打算用两个小时滑完全程，但是现在，又冷又黑，看来他只有放弃比赛了。要是真有一条退路，那他肯定是放弃了。

但无奈身处深林积雪之中，消沉也只能被搁置一旁——滑吧，就这样滑下去吧！

当然，马克的内心里仍然有着斗争。他盼望着路旁出现小木屋，那里正散发着阵阵热气，但小木屋并没有出现。他盼望着有急救车推开积雪来把他带上，但急救车也没有出现。

他甚至还设想过直升机的营救，可是，这也仅仅是空想而已。

就这样想着，滑着，想着……，直到最后他看到一块标志："终点，250米。"马克简直不敢相信！就这样硬着头皮，他竟然把最后的250米也给滑完了，而且总时间超过预想的并不多！

对于这件事，马克总是津津乐道，而且每次讲起来都眉飞色舞。这件事给了他一个确认自己的机会，给了他一个忍耐、坚持，直到最后胜利的美好回忆。从此，他只要碰到艰难险阻，都不会产生害怕退缩的想法。因为在他看来，只要忍耐着向前，只要坚持不懈，只要保持积极的状态，那自己的目标就一定能实现！

爬山虽然不那么容易，然而也并不太艰难，只要你一步一步地往上爬，就能登上山顶。在事业上也是同样的道理。在前进的征途中，千万不要一遇到阻力就停下来，轻言放弃。在所有那些最终决定成功与否的品质中，"坚持"无疑是关键。

莫泊桑是法国著名的批判现实主义作家。被誉为"短篇小说之王"，对后世产生了极大影响。

莫泊桑13岁那年，考入了里昂中学，他的老师布耶，是当时著名的巴那斯派诗人。布耶在学校里发现莫泊桑经常写诗，便把他的练习本拿去翻阅。布耶觉得他有写诗的才能，便不断引导他，启发他。为了更好地培养他，布耶决定让福楼拜来帮助他。

福楼拜是世界闻名的作家，当时在法国享有极高的声誉。他看了看莫泊桑的作品，对莫泊桑说："孩子，我不知道你有没有才气。在你带给我的东西里表明你有某些聪明之处；但是，你永远不要忘记，照一位作家的说法，才气就是坚持不懈。你得好好努力呀！"

莫泊桑点点头，把福楼拜的话牢牢记在心里。

在福楼拜的严格要求下，莫泊桑进步得飞快。后来，他开始写剧本和小说。他写完就请福楼拜指点，福楼拜总是指出一大堆缺点。莫泊桑修改后要寄出发表，但是福楼拜总是不同意，并且告诉他：不成熟的作品，不要寄到刊物上发表。

于是，莫泊桑就把文稿放在柜子里。慢慢地，文稿堆起来竟有一人多高，莫泊桑开始怀疑：福楼拜是不是在有心压制自己？

一天，莫泊桑闷闷不乐，就到果园去散心。他走到一棵小苹果树跟前，只见树上结满了果子，嫩嫩的枝条被压得贴着了地面；再看看两旁的大苹果树，树上虽然也果实累累，但枝条却硬朗朗地支撑着。这给了他一个启示：一个人在"枝干"未硬朗之前，不宜过早地让他"开花结果"；"根深叶茂"后，是不愁结不出丰硕的"果实"来的。从此，他更加虚心地向福楼拜学习，决心使自己"根深叶茂"起来。

1880年，莫泊桑已经30岁了，可是他在文坛上还是默默无闻。这一年，他写了篇题为《羊脂球》的短篇小说，并把它送给福楼拜请求指点。

福楼拜读完这篇小说后，兴高采烈地说："这篇小说写得太好了，说明你的作品已经成熟了，完全可以面世了！"

不久，《羊脂球》正式发表。这篇小说一问世，就震动了法国文坛，莫泊桑一举成名。人们争相传颂莫泊桑的名字，但他们哪里知道，这部作品是他长期坚持训练的结果，其中还凝结着他的老师福楼拜的心血呢。

一个人能否成大事关键不在于他的力量的大小，而在于他能坚持多久。人生就好像是马拉松赛跑，只有坚持到最后的人，才可能成为优胜者。

一个人对待工作如果有了高度的奋斗精神，即使不是专业人士，也能发挥出超常的能力，实现超越前人的壮举。

兵马俑刚刚出土的时候，两千多年的历史积尘已经把它们压成碎片。如何让这个碎片化的历史文化奇迹完整挺立起来，当时全世界也没有人曾经面对过这么大的难题。兵马俑军阵的原型是一个天下无敌的农夫军团，拓开了秦帝国的万里版图。同时代的工匠以雕塑形式凝定了他们的雄姿。后世的工匠们能够让久已"粉身碎骨"的兵马俑恢复原身吗？

马宇成为最早接触这项工作的群体成员之一。兵马俑深埋两千多年，大部分陶片和地下环境已经形成了稳定的平衡关系，突然出土，使它们所处环境发生了巨大改变。为了避免环境变化对文物造成二次损害，一号坑保留了原始的自然环境，大量修复工作都是在现场进行。

　　每到夏季来临，覆盖着大棚的兵马俑坑就成了"大蒸笼"，坑内的温度往往达到 40 摄氏度以上。工作过程就是一直在用热汗洗头洗脸；衣服湿了又干，干了再湿。这时，汗水是聚合兵马俑碎片的第一黏合剂。

　　由于年代久远，兵马俑陶片表面非常脆弱，修复人员用刮刀清理的时候，既要刮净泥土，又要保证文物的完好，走刀的分寸拿捏极为较劲。为了练就这项技艺，马宇在修复兵马俑之前，花了两年时间，在仿制的陶片上用手术刀不停地磨炼手感，走了上千万刀，才把握住毫厘之间的分寸。

　　在碎片堆里拼接兵马俑的过程中，只要有一块陶片位置出现错误，整个拼接过程就必须重来。拼接难度最大的是那些体积小、图案较少的陶片，为了一块陶片，马宇有时需要琢磨十多天，反复预演数十次，甚至上百次。正因为这样，一件兵马俑的修复才往往需要耗时一年，甚至更久。

　　马宇参与了近二十年来秦始皇兵马俑修复工作的各个阶段，兵马俑的第一件戟、第一件石铠甲、第一件水禽都是马宇修复的。修复工作者用自己的人生时光作为黏合剂，把破碎的历史拼接成型，当威武列队的兵马俑军阵为全世界所敬仰的时候，马宇和同事们真切体会到了奋斗的价值。

　　未曾遭遇拒绝的成功绝不会长久，持之以恒的人才能有坚持不懈的勇气。你被拒绝得越多，你就能越成长；你学得越多，就离成功越近一点。如果你没有成功，请不要放弃。因为坚持就是奋斗精神，坚持就是希望和力量，坚持就是胜利！

　　凡事不能抱着不愿奋斗的消极的态度去面对，无论是怎么样的结果都只有在真正行动之后才会出现，这是对待一件事应有的奋斗，也是我们任何人，特别是一个公司的员工在面对自己从来没有做过的工作时应该牢牢记住的原则。只有这样，我们才真正有勇气去面对一切困难，从而战胜它们。